W0077558

Christina Zacker

Musterbriefe
für offizielle Anlässe

*Überzeugend formulieren
beim Schriftwechsel mit Ämtern, Behörden,
Firmen, Vermietern ...*

WILHELM HEYNE VERLAG · MÜNCHEN

HEYNE RATGEBER
08/5425

Für Tómané

Umwelthinweis:
Dieses Buch wurde auf
chlor- und säurefreiem Papier gedruckt.

Originalausgabe 4/2003
Copyright © 2003 by Ullstein Heyne List GmbH & Co. KG, München
Der Wilhelm Heyne Verlag ist ein Verlag der Ullstein Heyne List GmbH & Co. KG
http://www.heyne.de
Printed in Germany 2003
Konzeption und Realisation: abc-Buchagentur Miriam Schmidt, Augsburg
Redaktion: Dunja Reulein
Umschlagillustration: Zefa/J. Westrich
Umschlaggestaltung: Eisele Grafik-Design, München
Satz: Schaber Satz- und Datentechnik, Wels
Druck und Bindung: Ebner & Spiegel, Ulm

ISBN 3-453-86940-0

Inhalt

Vorwort

Schreiben heißt in vielen Fällen, sich sein gutes Recht zu erhalten oder zu verschaffen, selbst wenn es uns manchmal schwer fällt, Einsprüche, Kündigungen oder Reklamationen zu schreiben. Wer aber weiß, wie es geht (und das werden Sie nach der Lektüre dieses Buches!), kann viel für sich erreichen:

■ Mit einer geschriebenen Beschwerde wird man ohne nervenaufreibende Diskussion so manchen Ärger los. Und dies nachdrücklicher als mit langem Herumreden. Denn ein Brief ist nicht »flüchtig« wie das gesprochene Wort; er ist schwerwiegender und führt – an den richtigen Adressaten geschrieben – eher zu Konsequenzen als eine mündliche Missbilligung.

■ Die schriftliche Kündigung – sollte es zu Rechtsstreitigkeiten kommen – gilt vor Gericht als Beweis. Das betrifft Versicherungen ebenso wie zum Beispiel ein Zeitschriftenabonnement. Und selbstverständlich erst recht die Kündigung von Miet- und Arbeitsverträgen.

■ Forderungen und Abmahnungen haben schwarz auf weiß mehr Gewicht als wenn man sie lediglich gesprächsweise vorbringt, vielleicht sogar nur am Telefon. Ob Sie eine Mängelrüge mündlich vorbringen oder schriftlich – das ist ein gewaltiger Unterschied.

■ Wer Fristen setzen will, sollte das stets schriftlich tun. Ob Sie einem Handwerker Gelegenheit geben, eine verpfuschte Sache in Ordnung zu bringen, ob Sie ein Versandhaus auffordern, endlich die bestellte Ware zu liefern, ob Sie einem säumigen Mieter die Chance geben, Zahlungen zu erledigen – wer eine bestimmte Frist nur mündlich mitteilt, muss damit rechnen, das irgendwann einmal (vielleicht vor Gericht) Aussage gegen Aussage steht. Ein offizieller Brief dagegen, erst recht wenn man ihn per Einschreiben schickt, lässt an Deutlichkeit nichts zu wünschen übrig.

Auch im Zeitalter von Fax und E-Mail, von Telefon, Handy und SMS muss man also offizielle Briefe schreiben. Gerade weil die modernen Kommunikationsmittel so schnelllebig und flüchtig sind, auch wenn Fax und E-Mail heute als Selbstverständlichkeit gelten.

Offizielle Briefe zu schreiben ist gar nicht so schwer. Selbst dann nicht, wenn Sie

- ungeübt sind,
- wenig Erfahrung haben und auch
- von Berufs wegen keine Korrespondenz verfassen.

Sie müssen nur ein paar Dinge beachten und vorher überlegen, bevor Sie sich an die Arbeit machen. Dieses Buch soll Ihnen immer dann weiterhelfen, wenn Sie einen »offiziellen« Brief an Ämter und Behörden, Banken und Versicherungen, Firmen und Handwerker, Mieter oder Vermieter schreiben wollen oder müssen. Nur eines vorneweg: Halten Sie sich beim Schreiben offizieller Briefe an die Maxime des amerikanischen Journalisten und Verlegers Joseph Pulitzer (1847–1911): »Was immer du schreibst – schreibe kurz, und sie werden es lesen; schreibe klar, und sie werden es verstehen; schreibe bildhaft, und sie werden es im Gedächtnis behalten.« Das gilt auch und gerade für offizielle Briefe.

Baden-Baden, im November 2002   Christina Zacker

Kapitel 1

Warum man überhaupt offizielle Briefe schreibt

Sprache und Sprechen sind flüchtig und manchmal missverständlich. Wie oft kommt es vor, dass man den anderen falsch versteht oder im Ton fehlinterpretiert, dass man den komplizierten Inhalt einer Aussage nicht erfassen kann oder schlicht und einfach vergisst, was ein Gesprächspartner gesagt hat. Mit einem Brief dagegen können Sie viele Meinungsverschiedenheiten umgehen:

- Klar und deutlich kann der Empfänger erkennen und immer wieder nachlesen, was Sie eigentlich gemeint haben (zumindest dann, wenn Sie sich klar und deutlich ausdrücken).
- Vor seiner eigenen schriftlichen (oder mündlichen) Antwort hat der Empfänger die Möglichkeit, weitere Schritte zu überdenken, vielleicht auch noch weitere Informationsquellen hinzuzuziehen.
- Auch Sie selbst haben vor dem Abschicken eines Briefes die Möglichkeit, in Ruhe zu überlegen, was und wem Sie etwas mitteilen möchten.

Das heißt nun nicht, dass die Papierberge ins Unermessliche wachsen sollen und Sie für jede Kleinigkeit ein Schreiben verfassen müssen. Manches lässt sich sicherlich telefonisch klären. Aber die Deutsche Post hat durchaus Recht, wenn sie in ihrer Broschüre »Offizielle Briefe schreiben leicht gemacht« ganz deutlich darauf hinweist, was Sache ist: Schreiben heißt Klarheit schaffen.

Mit einem Brief hat der Empfänger, ob er nun eine Privatperson ist oder ob es sich um eine Institution handelt, alle Daten und Unterlagen vor sich liegen. Missverständnisse durch falsch verstandene Informationen treten nicht so leicht auf. Dazu kommt noch, dass Sie bei regelmäßiger Korrespondenz normalerweise einen festen Ansprechpartner haben. Ihn lernen Sie mit der Zeit kennen und sind nach und nach kein Unbekannter mehr. Das kann auch dazu führen, dass Sie zum Beispiel bei Ämtern und Behörden Ihre Ziele leichter erreichen. Briefe schaffen also nicht nur im positiven Sinn klare Verhältnisse, sie helfen außerdem, Kontakte zu pflegen.

Die äußere Form ist wichtig

Wie würden Sie selbst einen Brief beurteilen, der auf schmuddeligem Papier auf Ihrem Schreibtisch landet, auf dem in ungeordneter Schrift und ohne Gliederung kreuz und quer einfach alles zusammengeschmiert wurde, was dem Schreiber offenbar am Herzen lag? Sicher nicht positiv! Ihr offizielles Schreiben sollte deshalb bereits auf den ersten Eindruck seriös und professionell wirken.

- **Auf dem Briefumschlag** sind Absender- und Empfängeradresse leserlich, mit Computer oder Schreibmaschine geschrieben. Selbstverständlich ist Ihr Brief ausreichend frankiert. Wenn Sie einen Umschlag mit Fenster benutzen, achten Sie darauf, dass die Anschrift im Fenster gut sichtbar ist! In einem Standard-Umschlag sollte man nicht mehr als zwei Blätter versenden. Reicht Ihnen das nicht aus, verwenden Sie einen C5- oder C4-Umschlag.
- **Computer oder Schreibmaschine** sind heutzutage unerlässliche Hilfsmittel – gerade bei einem Schreiben an Unternehmen und Institutionen. Wer nur selten schreibt und sich deshalb weder PC noch Schreibmaschine anschaffen möchte, sollte sich selbstverständlich um eine leserliche Handschrift bemühen.

- **Als Briefpapier** wählen Sie weißes oder helles, einfarbiges Briefpapier (DIN A4) und einen neutralen Briefumschlag, der farblich auf den Briefbogen abgestimmt sein sollte.
- **Die Schriftgröße** in einer deutlichen Schriftart wie Arial oder Times New Roman sollte nicht kleiner als 11 bis 12 Punkte sein.
- **Der Zeilenabstand** beträgt eine Zeile und
- **die Seitenränder** werden auf 2,5 Zentimeter eingestellt.

All dies sind nur Anhaltspunkte. Wenn Sie ein eigenes Briefpapier benutzen oder im PC einen eigenen Briefbogen angelegt haben, bei dem Sie ein anderes Layout oder andere Schriften verwenden, müssen Sie nun nicht alles ändern. Wichtig sind klare Lesbarkeit und schnell mit dem Auge erfassbare Gestaltung.

Einen übersichtlichen Aufbau erzielen Sie durch Absätze, Aufzählungszeichen und fett gedruckte Wörter. Der Empfänger sollte auf den ersten Blick erkennen, worum es Ihnen geht. Allerdings: Setzen Sie nicht all diese Mittel gleichzeitig und zu oft ein. Das wirkt unruhig und macht Ihren Brief schlecht lesbar.

Wie man einen Brief perfekt gestaltet, ist in der so genannten DIN-Norm festgehalten. Daran müssen Sie sich als Privatperson nicht unbedingt halten. Dennoch sollten Sie für das Schreiben offizieller Briefe ein paar Grundregeln der DIN-Norm 5008 kennen. Im letzten Kapitel dieses Buches gehe ich deshalb eingehend auf diese Brief-Norm ein.

Was jeder offizielle Brief enthalten muss

Wenn Sie ein offizielles Schreiben verfassen, achten Sie bitte darauf, dass Folgendes immer enthalten ist:

- Ihr Name und Ihre genaue Anschrift.
- Ihre Telefonnummer für den privaten Anschluss und die Nummer, unter der man Sie tagsüber im Job erreicht (wenn Sie am Arbeitsplatz problemlos telefonieren können), eventuell auch Ihre Mobiltelefonnummer und Ihre E-Mail-Adresse.
- Der so genannte Postvermerk vor der Anschrift des Empfängers, wenn Sie einen Brief per Einschreiben schicken.
- Die genaue Anschrift des Empfängers, wenn möglich der Name des Ansprechpartners.
- Das Datum, an dem Sie den Brief abschicken.
- Die so genannte Betreffzeile, in der Sie Ihr Anliegen in ein paar Worten zusammenfassen. Hier stehen zum Beispiel Aktenzeichen, Versicherungs- oder Rechnungsnummer, das Zeichen aus einem vorherigen Briefwechsel oder Ähnliches.
- Die Anrede, die sich entweder an Ihren Ansprechpartner (und hier den Namen bitte richtig schreiben!) oder aber an »Sehr geehrte Damen und Herren« wendet.
- Der Brieftext, in dem Sie Ihr Anliegen kurz und knapp schildern.
- Die Grußformel (»Mit freundlichen Grüßen«) und Ihre handschriftliche Unterschrift (darunter nochmals in Druckbuchstaben Ihr Name).
- Der Hinweis auf eventuelle Anlagen.

Die Checkliste für offizielle Briefe

1. Was wollen Sie erreichen? Denken Sie gut über den Zweck Ihres Briefes nach, bevor Sie anfangen zu schreiben.

2. Was soll Ihr Brief bewirken? Bei einem Antwortbrief beziehen Sie sich konkret auf das vorausgegangene Schreiben:
   - Wonach wurde da gefragt?
   - Worum wurden Sie gebeten?

3. Vergegenwärtigen Sie sich den Ablauf all dessen, was bisher geschehen ist:
   - Haben Sie bereits Unterlagen vorliegen?
   - Gab es Vorgespräche oder Telefonate?
   - Was weiß der Empfänger bereits?
   - Welche Informationen braucht er noch?

4. Halten Sie sich an eine dreiteilige Gliederung:
   - In einem einleitenden Satz stellen Sie die Verbindung zwischen sich und dem Empfänger her.
   - Im Haupttext – dem »Kern« – folgt Ihr Anliegen mit den wichtigsten Informationen; bitte kurz und knapp, nicht ausschweifend und umständlich!
   - Zu guter Letzt – vor den »freundlichen Grüßen«, mit denen Sie sich verabschieden – folgt eine höfliche Schlussformulierung.

5. Verlieren Sie nicht den berühmten »roten Faden«! Eine gute Methode dafür ist schnelles Schreiben: Auf diese Weise werden Sie kaum abschweifen.
   - Machen Sie einen ersten Entwurf und achten Sie dabei nicht auf Rechtschreibung und Formalien.
   - Sätze oder Adjektive, die keine zusätzliche Information beinhalten, lassen Sie in der endgültigen Fassung Ihres Briefs einfach weg.

6. Achten Sie auf den Empfänger: Wenn möglich, sollten Sie den Namen des Empfängers und seine Positionsbezeichnung im Unternehmen genau recherchieren. Kaum etwas macht einen so schlechten ersten Eindruck wie ein falsch geschriebener Name – gerade wenn Sie etwas vom Empfänger Ihres Schreibens wollen: einen Job, eine Genehmigung oder einfach nur eine Auskunft.

7. Schicken Sie stets Kopien, wenn Sie Belege oder Quittungen beilegen wollen. Ausnahme: Der Empfänger hat ausdrücklich die Originale gewünscht. Dann jedoch sollten Sie in jedem Fall eine Kopie für sich aufbewahren.

8. Achten Sie auf die äußere Form. Sie müssen sich nicht sklavisch an die so genannte DIN-Norm 5008 halten. Aber Sie nehmen sauberes, helles Briefpapier, einen passenden Umschlag und frankieren diesen ausreichend. Sie wählen eine gut lesbare Schrift und sorgen für eine übersichtliche Gliederung, die es dem Empfänger möglich macht, schnell zu erfassen, worum es Ihnen geht.

Welcher Anlass einen offiziellen Brief erforderlich macht

Ob Amt und Behörde, Bank oder Versicherung, große Firma oder kleiner Handwerksbetrieb – es gibt viele Gründe, warum Sie nicht einfach zum Telefonhörer greifen können und stattdessen einen offiziellen Brief schreiben sollten.

■ Zum einen, weil ein Anruf gar nicht so selten einfach »untergeht« – wenn Sie zum Beispiel bei einem großen Reiseveranstalter um Prospektmaterial bitten. Natürlich sollte so etwas nicht passieren – auch eine telefonische Anfrage wird im Normalfall gebührend beachtet und bearbeitet. Nichtsdestotrotz: Eine schriftliche Anfrage wird stets nachdrücklicher sein als

»nur« ein Telefonanruf. Einziger Nachteil des Schreibens: Bis es bearbeitet wird, vergeht manchmal mehr Zeit als bei einer telefonischen Anfrage.

■ Zum anderen ist in vielen Fällen ein Schreiben schlicht und ergreifend notwendig, weil Sie sich absichern wollen und müssen, dass Ihr Brief den Empfänger auch wirklich erreicht. Bei einem Anruf steht im schlimmsten Fall irgendwann einmal Aussage gegen Aussage und Sie können nichts beweisen. Sicher sind mündliche Verträge und Absprachen ebenso gültig. Bei einem offiziellen Brief dagegen, von dem Sie natürlich eine Kopie behalten und den Sie vielleicht sogar noch per Einschreiben oder per Einschreiben mit Rückschein verschicken, haben Sie ein hieb- und stichfestes Beweismittel in der Hand.

Ein Brief hinterlässt immer einen stärkeren und nachhaltigeren Eindruck als ein bloßes Gespräch. Auch deshalb, weil der Empfänger sich länger damit beschäftigen kann. Und Sie als Absender können sich so präsentieren, wie Sie es für richtig halten: kompetent, stilvoll und selbstbewusst – was Sie vielleicht bei einem Telefonanruf oder einem persönlichen Treffen nicht unbedingt auf Anhieb schaffen.

Wenn Sie umziehen: die Adressänderung

Sie haben eine neue Wohnung? Sie ziehen ins eigene Haus? Dann werden Sie nicht nur Freunden und Bekannten mitteilen wollen, dass Sie eine neue Adresse haben. Auch Ämter und Behörden, Vereine und Firmen müssen wissen, dass Sie umgezogen sind. Kaum jemand wird sich die Mühe machen, alle möglichen Institutionen anzurufen und mühsam stets aufs Neue die Adressänderung mitzuteilen. Einfacher – und vor allem sicherer – geht das per Brief (und natürlich werden Sie außerdem noch einen Nachsendeantrag bei der Post stellen!). Damit Ihre neue Adresse fehlerlos überall aufgenommen wird, genügt ein formloses Schreiben – etwa so:

Vorname und Name
Adresse
Telefonnummer

Postvermerk

Stadtwerke
Musterstraße 1

99999 Musterdorf   Musterdorf, 15. April 2003

Abmeldung – Kundennummer 123456789

Sehr geehrte Damen und Herren,

Zum 30. April 2003 möchte ich meinen Stromanschluss in der
Wohnung Mustergasse 27, 99999 Musterdorf in der zweiten Etage,
Wohnungsnummer 4, abmelden und bitte Sie hiermit um eine Ab-
lesung des Stromzählers. Bitte legen Sie den Ablesetermin in die Zeit
von 10.00 Uhr bis 12.00 Uhr und sprechen Sie Ihren Termin telefonisch mit mir ab unter: 01111/123456.

Meine Kundennummer ist: 123456789
Die Zählernummer ist: 987654321
Der Zählerstand heute ist:
Meine neue Adresse für die Endabrechnung ist: Musterstraße 33 $\frac{1}{2}$,
99999 Musterstadt

Mit freundlichen Grüßen

Unterzeichner – einmal handschriftliche Unterschrift
Darunter der Name nochmals in Druckbuchstaben

Sie vermeiden Fehler beim Aufnehmen der Adresse, wenn Sie Ummeldungen und alle anderen Änderungen (zum Beispiel neue Bankverbindung, Telefonnummer, E-Mail-Adresse) schriftlich erledigen. Zudem müssen Sie nicht immer wieder Ihren Nach- oder Straßennamen buchstabieren.

- **Ihre neue Adresse sollten Sie mitteilen:**
  - Verlagen (bei Abonnements)
  - Banken und Kreditinstituten (bei denen Sie zum Beispiel Ihre Kreditkarte haben)
  - Finanzamt
  - Freunden, Verwandten, Bekannten
  - Geschäften, bei denen Sie eine Kundenkarte besitzen
  - Telefongesellschaften und Mobilfunkanbietern
  - GEZ (Gebühreneinzugszentrale für Rundfunk und Fernsehen)
  - Kindergarten und/oder Schulen
  - Versicherungen
  - Vereinen und Verbänden

- **Eine Umzugsmitteilung muss enthalten**
  - Ihre alte Adresse
  - Ihre neue Adresse
  - Das Datum des Umzugs
  - Ihre Mitglieds- oder Kundennummer

Die Anfrage: Information ist das halbe Leben

Ganz gleich, ob Sie in Urlaub fahren oder einen Sprachkurs machen wollen, ob Sie ein neues Auto kaufen oder eine Versicherung abschließen möchten: Sie benötigen zuerst Informationen. Vielleicht verschaffen Sie sich erst einmal einen Marktüberblick –

dann stellen Sie eine allgemeine Anfrage. Wenn Sie jedoch schon genau wissen, was Sie wollen, stellen Sie eine spezielle Anfrage und fordern den Empfänger Ihres Briefs damit vielleicht sogar auf, Ihnen ein Angebot zu machen.

Die meisten Unternehmen freuen sich über Ihr Interesse und senden Ihnen gerne Informationen zu. Und Sie bekommen umso eher genau das, was Sie sich vorstellen, je genauer Sie Ihre Wünsche formulieren. Sie können davon ausgehen, dass viele Firmen solche Anforderungen nach Informationen lieber als Brief oder Fax oder E-Mail, in jedem Fall aber schriftlich haben möchten. Das hat einerseits den Grund, dass niemand am Telefon mitschreiben muss und sich so vielleicht Hörfehler einschleichen. Andererseits weiß man, dass Sie ein potenzieller Kunde sind und wird möglicherweise bei Ihnen nach einer bestimmten Zeitspanne mal »nachhaken« – etwa, ob Sie denn das Auto nun kaufen oder die Reise machen wollen.

- **Allgemeine Anfragen** stellen Sie zum Beispiel nach Geschäftsberichten, Katalogen, Prospekten, Preislisten, Referenzen, Studien- oder Schulungsunterlagen, Informationsmaterial über Hotels, Vereine oder Einrichtungen.

- **Ihre allgemeine Anfrage sollte enthalten:**
  - Den so genannten Betreff, in den Sie die genaue Produktbezeichnung oder Dienstleistung schreiben, über die Sie sich informieren wollen.
  - Was Sie genau wissen wollen: Listen Sie die Punkte auf und sorgen Sie mit Aufzählungszeichen für Übersichtlichkeit.
  - Wie Ihnen geholfen werden kann: Wollen Sie einen Katalog geschickt bekommen oder kann man Sie zurückrufen?
  - Ihre vollständige Adresse mit Telefonnummer und/oder E-Mail-Adresse, damit Sie erreichbar sind.

- **Eine spezielle Anfrage stellen Sie zum Beispiel nach**
  - konkreten Produkten;
  - speziellen Formularen zum Beispiel für eine Schadensmeldung, Einkommenssteuererklärung oder Ähnliches;
  - vorformulierten Anträgen (Freistellungsantrag, Antrag auf Arbeitslosengeld etc.) oder
  - genau definierten Dienstleistungen.

- **Eine spezielle Anfrage sollte enthalten**
  - die geplante Verwendung oder das Ziel der Dienstleistung;
  - die Liefermenge, den -ort und den -termin;
  - Ihre Telefonnummer (tagsüber);
  - die Form des Angebots, das Sie erhalten wollen – also schriftlich oder telefonisch;
  - einen Stichtag, an dem das Angebot bei Ihnen eingetroffen sein soll.

Wenn Sie mit einer Leistung oder Ware nicht zufrieden sind: Beschwerde und Reklamation

Manchmal ist der Unterschied zwischen Beschwerde und Reklamation fließend. Bei den meisten Beschwerden geht es vorrangig darum, sich »Luft zu machen«.

- Beschweren können Sie sich zum Beispiel, wenn eine vertragliche Vereinbarung nicht eingehalten wurde, wenn Sie sich über unfreundliches Personal oder unzuverlässige Handwerker ärgern oder wenn Geld von einer Versicherung immer noch nicht auf dem Konto eingegangen ist.
- Reklamiert werden dagegen unsachgemäße Leistungen oder schadhafte Produkte.

Selbstverständlich werden Sie sich nicht wegen jeder Kleinigkeit schriftlich beschweren. Manchmal reicht es sicher aus, etwa in einem Restaurant den Oberkellner oder Geschäftsführer an den Tisch zu bitten, wenn Sie sich beschweren wollen – zum Beispiel über versalzenes Essen, über verkorkten Wein oder Ähnliches.

In schwer wiegenden Fällen jedoch – wenn man etwa auf Ihre mündliche Beschwerde nicht eingehen will oder gar unverschämt und frech reagiert – ist ein offizieller Beschwerdebrief gerechtfertigt. Das hat den Vorteil, dass Sie trotz aller Aufregung in Ruhe über Formulierungen nachdenken können. Telefonisch kommen Sie möglicherweise an einer Sekretärin im Vorzimmer des Chefs nicht vorbei. Eine schriftliche Beschwerde jedoch können Sie direkt an die Geschäftsleitung adressieren.

Mittlerweile nehmen die meisten Unternehmen Beschwerden sehr ernst: Keiner lässt sich gerne nachsagen, nicht kundenorientiert zu arbeiten. Und man fürchtet durchaus auch, dass eine Veröffentlichung zum Beispiel im Internet, aber auch die Mund-zu-Mund-Propaganda zu einem schlechten Ruf und damit Geschäftseinbußen führen könnte. Viele Betriebe sehen in einer offiziellen Kundenbeschwerde außerdem die Chance, aufgrund dieser Kritik ihren Service zu verbessern. Sie können sicher sein: Man wird auf Ihre Beschwerde reagieren – nicht nur intern, sondern meist auch mit einem Antwortschreiben an Sie, vielleicht sogar einem kleinen Geschenk.

- **Beschweren sollten Sie sich etwa über**
    - zu lange Wartezeiten (zum Beispiel in Restaurants);
    - mangelhafte Qualität;
    - Leistungen, die nicht Ihren Erwartungen entsprechen;
    - schlechten Service;
    - Lärmbelästigung;
    - unfreundliche Bedienung.

- **Eine Beschwerde sollte enthalten**
  - ▓ den Grund der Beschwerde;
  - ▓ die Beschreibung des Vorfalls;
  - ▓ das Datum des Vorfalls;
  - ▓ Ihre persönliche Meinung;
  - ▓ eventuell Verbesserungsvorschlag;
  - ▓ Ihre Erwartung, dass so etwas nicht noch einmal vorkommt.

Hat man Ihnen fehlerhafte Ware geschickt? Oder ist etwas vor Ablauf der Garantie kaputtgegangen? Dann reklamieren Sie schriftlich. Falls es bei schwer wiegenden Fällen zu einem Prozess kommen sollte, sind Sie nämlich beweispflichtig. Und ein Reklamationsschreiben, das per Einschreiben mit Rückschein geschickt wurde, ist ein eindeutiger Beweis, wenn es etwa um die Fristwahrung des Garantieanspruchs geht. Denn dieser verlängert sich nach einer Reklamation automatisch. Keine Sorge, wie bei berechtigten Beschwerden gilt auch bei Reklamationen: Eine gute Firma nimmt Ihnen sachliche und konstruktive Kritik nicht übel. Im Gegenteil! Man wird sie nutzen, um das Angebot oder den Service zu verbessern.

- **Reklamieren sollten Sie bei**
  - ▓ fehlerhafter Ware;
  - ▓ unvollständiger Lieferung;
  - ▓ nicht eingehaltenen Konditionen wie Lieferverzögerung oder Preisänderungen.

- **Sie erreichen damit, dass**
  - ▓ Sie das Produkt umtauschen können oder Geld zurückerhalten;
  - ▓ der Preis gemindert wird und Sie einen Preisnachlass bekommen;
  - ▓ die Ware nachgebessert oder repariert wird.

- **Ihre Reklamation sollte enthalten**
  - das Produkt oder die Dienstleistung;
  - Ihre Kundennummer, Auftragsdatum und -nummer;
  - die Rechnungsnummer;
  - das Kaufdatum und alle Mengenangaben;
  - eventuell Liefertermin und Liefernummer;
  - die Art und den Umfang der Beschädigung;
  - Ihren Vorschlag oder Ihre Forderung;
  - eine angemessene Frist für eine Antwort, Reparatur oder den Umtausch.

Wenn es um Ihren Geldbeutel geht: die Mahnung

Sie haben in einem Geschäft etwas anbezahlt, die Ware aber nie erhalten? Sie haben etwas bestellt und die Firma hat immer noch nicht geliefert? Sie stellen fest, dass Sie Ihrem Vermieter etliche Mängel angezeigt haben, er darauf aber gar nicht reagiert? Dann müssen Sie ein offizielles Mahnungsschreiben verfassen. Mahnungen dienen dazu, an die Erfüllung der Zahlungspflicht oder den Ausgleich von Mängeln zu erinnern. Sie sind außerdem der nächste Schritt nach einer unbeantworteten Reklamation und Beschwerde.

- **Ihre Mahnung sollte enthalten**
  - den Hinweis auf die schriftliche oder telefonische Beschwerde, Reklamation, Zahlungserinnerung;
  - das Datum der Beschwerde, Reklamation, Zahlungserinnerung;
  - den Grund der Beschwerde, Reklamation, Zahlungserinnerung;
  - eine Frist zum Beheben der Mängel, zum Ausgleich der Außenstände;
  - die Konsequenzen, die für Sie daraus folgen.

- **Sie erreichen damit, dass**
  - Sie die Ware umtauschen können oder das Geld zurückbekommen
    oder
  - der Preis gemindert wird und Sie einen Preisnachlass bekommen
    oder
  - die Ware kostenlos nachgebessert oder repariert wird
    oder
  - der Ihnen geschuldete Betrag bezahlt wird.

Ein besonderer Fall der Mahnung: die Mietminderung

Mängel in Ihrer Mietwohnung muss der Vermieter beheben. Sie können ihm mit einer Mietminderung drohen, wenn er dies nicht tut. Am besten teilen Sie ihm nicht nur mündlich, sondern auch schriftlich mit, welche Beanstandungen Sie haben. Bitten Sie mit Nachdruck darum, dass diese Mängel behoben werden. Wenn der Vermieter nicht reagiert, schicken Sie ein zweites Schreiben. Darin verweisen Sie auf Ihren ersten Brief und auf die unveränderten Zustände in Ihrer Wohnung. Teilen Sie Ihrem Vermieter mit, dass Sie die Miete so lange mindern, bis die Mängel behoben sind.

- **Das muss Ihr erstes Schreiben an den Vermieter enthalten:**
  - Anschrift, ggf. Etage;
  - Mieternummer, falls vorhanden;
  - Mängel;
  - Bitte um Behebung der Mängel;
  - Frist zur Behebung der Mängel.

- **Das sollte Ihr zweites Schreiben an den Vermieter enthalten:**
  - Alle Informationen aus dem ersten Schreiben;
  - Hinweis auf das erste Schreiben;
  - Grund der Mietminderung;
  - Höhe der Mietminderung;
  - Dauer der Mietminderung (vom Zeitpunkt des zweiten Schreibens an bis zur Behebung der Mängel);
  - eventuell Fotos vom Mangel.

Noch ein Extratipp, der für alle Mahnschreiben gleichermaßen gilt: Schicken Sie solche Briefe immer per Einschreiben, noch besser als Einschreiben mit Rückschein. So haben Sie die Gewähr, dass Ihr Brief ankommt. Und selbstverständlich machen Sie sich von jedem Ihrer Briefe eine Kopie.

Wenn Ihnen alles zu viel wird: die Kündigung

Sie haben keine Zeit mehr für die drei Zeitschriften, die Sie als entspannende Lektüre abonniert haben? Sie stellen fest, dass Ihr Mobilfunkanbieter zu viel Geld verlangt? Sie haben endlich Ihre Traumwohnung gefunden? Für alle drei Fälle gilt: Sie haben einen Vertrag geschlossen (das kann sogar mündlich geschehen) und Sie müssen diesen kündigen. Das geschieht am besten, indem Sie ein Kündigungsschreiben verfassen. Wenn Sie Ihren Job aufgeben wollen, ist dies – nach § 623 des Bürgerlichen Gesetzbuches (BGB) – sogar verpflichtend vorgeschrieben.

Übliche Verträge wie Abonnements, Ausbildungs- und Arbeitsvertrag, Handy- und Telefonvertrag, Mietvertrag, Verträge mit Versicherung und Krankenkasse, mit Fitnessstudio oder Verein müssen Sie formal kündigen. Am besten verschicken Sie den Kündigungsbrief als Einschreiben mit Rückschein. Dann können Sie bei eventuellen späteren Auseinandersetzungen beweisen, dass und wann Sie gekündigt haben.

- **Ihr Kündigungsschreiben sollte enthalten**
  - das Datum des Vertragsabschlusses;
  - den Vertragsgegenstand und den Kündigungstermin;
  - alle im Vertrag genannten Parteien;
  - Ihre handschriftliche und eigenhändige Unterschrift (!);
  - Ihre Mitglieds- und/oder Vertragsnummer (wenn vorhanden);
  - eventuell den Grund Ihrer Kündigung sowie Anlagen (bei der Krankenversicherung zum Beispiel Ihre Versichertenkarte).

Sie müssen Kündigungsfristen beachten

Wenn Sie einen Vertrag beenden, müssen Sie im Normalfall bestimmte, vorher festgelegte Fristen einhalten. Wenn nichts anderes vereinbart wurde, gelten die gesetzlichen Kündigungsfristen.

- Für Arbeitsverhältnisse gilt eine gesetzliche Frist von vier Wochen zum Fünfzehnten oder zum Ende eines Kalendermonats. In Tarifverträgen kann aber etwas anderes vereinbart sein!
- Die Kündigung eines Mietvertrags über Wohnraum, der auf unbestimmte Zeit vermietet wurde, muss spätestens am dritten Werktag eines Monats für den Ablauf des übernächsten Monats erfolgen.
- Andere Verträge, zum Beispiel mit Sportstudios oder Versicherungen, müssen spätestens drei Monate vor Ablauf

gekündigt werden, sonst verlängert sich die Vertragslaufzeit automatisch um ein weiteres Jahr.

- Darüber hinaus gibt es Ausnahmen und Sonderregelungen, wie etwa die fristlose Kündigung. Hierzu sollten Sie stets den Rat eines Fachmannes einholen – zum Beispiel bei der Gewerkschaft, bei der Verbraucherberatung, beim Mieterverein oder einem Rechtsanwalt.

Wenn Sie ganz und gar nicht einverstanden sind: Einspruch und Widerspruch

Sie haben einen Strafzettel für Falschparken bekommen und wissen genau, dass Sie an dem fraglichen Tag in Urlaub waren? Sie bekommen eine Kündigung wegen Eigenbedarf, obwohl Sie genau wissen, dass Ihr Vermieter in einer riesigen Villa lebt? Dann lohnt es sich vielleicht, Einspruch oder Widerspruch einzulegen. Beides ist ein so genannter Rechtsbehelf. Darunter versteht man eine Maßnahme, mit der die Entscheidung einer Behörde oder eines Gerichts angefochten werden kann. Auf amtlichen Bescheiden findet sich häufig eine Rechtsbehelfsbelehrung, die informiert, auf welche Weise und in welcher Frist der Rechtsbehelf eingelegt werden muss. Ganz allgemein geben Sie mit einem Widerspruch eine ablehnende Stellungnahme ab, die in bestimmten Fällen dem Gegner die Durchsetzung eines Rechts erschwert. Legen Sie beispielsweise gegen die Kündigung eines Mietvertrags Widerspruch ein, kann Ihr Vermieter seine Kündigung nicht einfach durchführen, sondern muss seine Forderung unter Umständen gerichtlich durchsetzen. Oder sich mit Ihnen außergerichtlich einigen: indem er Ihnen etwa eine andere Wohnung anbietet oder einen Teil der Umzugskosten übernimmt.

Widerspruch und Einspruch

- Grundsätzlich können Sie gegen Verwaltungsakte öffentlicher Stellen (Behörden und sonstige Träger öffentlicher Verwaltung) **Widerspruch** einlegen. Das gilt vor allem dann, wenn der Verwaltungsakt Sie zu etwas verpflichtet oder Ihnen einen Vorteil verweigert. Widerspruch ist außerdem immer dann möglich, wenn die Behörde über Ihren Antrag auf Erlass eines Verwaltungsaktes nicht innerhalb angemessener Frist entscheidet.
- Gegen Verwaltungsbescheide der Finanzbehörden können Sie **Einspruch** einlegen. Voraussetzung ist aber, dass ein Verwaltungsakt (zum Beispiel Steuerbescheid) vorliegt oder die Finanzbehörde den Erlass eines Verwaltungsaktes abgelehnt hat. Ihr Einspruch ist außerdem dann möglich, wenn die Finanzbehörde über Ihren Antrag auf Erlass eines Verwaltungsaktes innerhalb angemessener Frist nicht entscheidet.
- Widerspruch oder Einspruch müssen Sie fristgerecht einlegen: innerhalb eines Monats, nachdem Ihnen der Verwaltungsakt bekannt gegeben worden ist. Bei schriftlichen Bescheiden beginnt die Monatsfrist jedoch nur zu laufen, wenn der Bescheid eine Rechtsbehelfsbelehrung enthält. Fehlt diese Belehrung oder wurde sie unrichtig erteilt, können Sie grundsätzlich innerhalb eines Jahres nach Bekanntgabe des Bescheides Widerspruch oder Einspruch einlegen.

In vielen Fällen ist es sinnvoll, sich bei einem Einspruch und/oder Widerspruch von einem Anwalt beraten zu lassen. Es kann nämlich zu erheblichen Folgekosten kommen. Damit die Sachbearbeiter gleich wissen, worum es geht, sollten Sie in der Betreffzeile stets etwa »Einspruch gegen den Bußgeldbescheid vom …« schreiben und niemals vergessen, das Aktenzeichen anzugeben.

- **Einspruch/Widerspruch erhebt man meist bei rechtlichen Fragen:**
  - Vollstreckungsbescheid oder Versäumnisurteil
  - Fehlerhafter Renten-, Steuer- oder Bußgeldbescheid
  - Strafbefehl
  - Wohnungskündigung wegen Eigenbedarf
  - Bauvorhaben oder Flächennutzungspläne
  - Versicherungssummen oder Entschädigungen, mit denen Sie nicht einverstanden sind
  - Falsche Einstufung durch die Versicherung (zum Beispiel Pflegeversicherung)

- **Sie sollten darauf achten, dass**
  - eindeutig ist, wer Einspruch einlegt;
  - Ihr Schreiben den Begriff »Einspruch« beziehungsweise »Widerspruch« enthält;
  - Sie genau angeben, gegen welchen Bescheid Sie Einspruch einlegen;
  - Sie das Datum erwähnen;
  - Sie das Aktenzeichen nennen;
  - Sie Ihren Einspruch/Widerspruch begründen;
  - Sie Rechnungen, Fotos, Beglaubigungen etc. beilegen;
  - Sie um Prüfung des Vorgangs bitten.

Selbstverständlich verschicken Sie Ihren Einspruch/Widerspruch per Einschreiben mit Rückschein, damit Sie die fristgerechte Einreichung nachweisen können.

Krank oder verhindert? – Krankmeldung und Beurlaubung

Wenn Sie an einer starken Grippe leiden oder Ihr Kind Masern hat und nicht in die Schule gehen kann, müssen Sie eine offizielle Krankmeldung schreiben. Natürlich informieren Sie sowohl

Ihren Arbeitgeber wie auch die Schule Ihres Sprösslings vorab per Telefon.

■ Sind Sie länger als drei Kalendertage arbeitsunfähig, müssen Sie Ihrem Chef eine ärztliche Bescheinigung vorlegen. Dieses Attest können Sie kommentarlos an die Personalabteilung schicken. Höflicher ist es allerdings, ein paar Zeilen zu schreiben: vor allem, wenn Sie in einem kleineren Betrieb arbeiten, in dem die Kollegen Ihre Arbeit miterledigen müssen. Den zweiten Beleg, der für die Krankenkasse bestimmt ist, verschicken Sie ohne Anschreiben.

■ Ihr Kind ist voraussichtlich länger krank? Auch dann schicken Sie nach spätestens drei Tagen eine Entschuldigung mit ärztlichem Attest. Volljährige Schüler können sich selbst entschuldigen.

Die Beurlaubung von der Schule

In bestimmten Sonderfällen kann man sein Kind vom Unterricht befreien lassen. Auch dies erfordert einen offiziellen Brief – sozusagen einen Beurlaubungsantrag, der etwa vier Wochen vorher an der Schule eingereicht wird. Durchaus als formloses Schreiben – allerdings muss man triftige Gründe anführen.

● **Gründe für Beurlaubung von der Schule sind**
  ■ ein Trauerfall in der Familie;
  ■ die Teilnahme an Sportwettkämpfen oder Wettbewerben;
  ■ ein »runder Geburtstag« der Großeltern;
  ■ die Silberne/Goldene Hochzeit der Eltern oder Großeltern.

- **Das Schreiben an den Klassenlehrer sollte enthalten:**
  - Name des Kindes;
  - Grund der Abwesenheit;
  - voraussichtliche Dauer der Abwesenheit;
  - ab drei Krankheitstagen ein ärztliches Attest;
  - Unterschrift des Erziehungsberechtigten.

Auch vom Sport- und Religionsunterricht können Schüler freigestellt werden. Für die Befreiung vom Sport muss dem schriftlichen Antrag der Erziehungsberechtigten ein Attest beigelegt werden. Die Befreiung vom Religionsunterricht kann der Schüler ab dem 14. Lebensjahr selbst beantragen. Ab 14 ist man in Deutschland religionsmündig.

Ein neuer Job in Aussicht: das Bewerbungsschreiben

Ohne offizielles Anschreiben läuft bei der Suche nach einem neuen Job oder einem Ausbildungsplatz rein gar nichts. Keine Firma, ob Weltkonzern oder kleiner Mittelständler, ob Handwerker, Arzt oder Rechtsanwalt, ob Verwaltung oder Behörde, kurz: kein Arbeitgeber wird Sie einstellen, ohne sich zuvor von Ihren Fähigkeiten überzeugt zu haben. Also heißt es, sich bei der Suche nach einem Arbeitsplatz für sich selbst stark zu machen. Es gilt, in einer Bewerbung seine Qualifikation und seine Eignung für den gewünschten Job zu beschreiben und den künftigen Chef davon zu überzeugen, genau der oder die Richtige zu sein. Der Werbung in eigener Sache sind kaum Grenzen gesetzt. Dennoch, bestimmte Formen und Kniffe sind bei einer Bewerbung – soll sie Erfolg haben – ganz nützlich.

- **Eine Bewerbung muss**
  - in der Lage sein, den Empfänger anzusprechen;
  - .den Empfänger neugierig auf den Bewerber machen, muss also das Interesse des Empfängers am Bewerber wecken;
  - nützlich sein, das heißt alle wesentlichen Informationen über den Bewerber enthalten;
  - den Empfänger davon überzeugen, dass der Bewerber gegenüber den anderen Bewerbern Vorteile zu bieten hat;
  - in Grundzügen die Berufserfahrung und die besonderen Kenntnisse und Fähigkeiten des Bewerbers zum Ausdruck bringen.

- **Das Bewerbungsschreiben**
  - ist das erste Schriftstück, das der Stellenanbieter durchlesen soll. Es ist Ihre »Visitenkarte« und zugleich eine erste Arbeitsprobe. Ihr Anschreiben ist für den ersten Eindruck entscheidend und trägt dazu bei, ob Ihre Unterlagen wohlwollend oder skeptisch geprüft werden,
  - enthält den Anlass für die Bewerbung – möglicherweise ein vorangegangenes Telefongespräch als Aufhänger;
  - ist die Bekundung des eigenen, persönlichen Interesses;
  - ist die Vorstellung der eigenen Person, das heißt Ausbildung mit Abschluss sowie besondere Interessen und Ausbildungsschwerpunkte – soweit sie für die angebotene Position von Bedeutung sind;
  - bringt Hinweise auf besondere Erfahrungen, Kenntnisse und Eigenschaften – ebenfalls soweit sie für die angebotene Position von Bedeutung sind;
  - weist die Begründung auf, warum Sie sich um diese Stelle bewerben und dafür besonders geeignet sind.

Wenn Sie Meinung machen wollen: der Leserbrief

Sie ärgern sich darüber, dass im Stadtpark die alten Bäume gefällt werden? Sie sind mit der letzten Entscheidung des Gemeinderats wegen der Umgehungsstraße nicht einverstanden? Es ist Ihr gutes Recht, als aktiver Bürger Ihre Meinung zu äußern. Viele tun dies in einem Leserbrief an die örtliche Tageszeitung. Zeitungen und Zeitschriften mit hohen Auflagen bekommen viel Post von den Lesern. Als Beispiel mag das Hamburger Wochenmagazin »Der Spiegel« dienen: Pro Monat gehen mehrere Tausend Zuschriften ein. Sie werden von einer zehnköpfigen Leserbriefredaktion beantwortet und zum Drucken aufbereitet. Ein zweites Beispiel: Die Berliner Tageszeitung »Der Tagesspiegel« bekommt 100 Leserzuschriften pro Woche. Jede Fünfte wird abgedruckt.

- **Anlass für einen Leserbrief kann sein**
  - Ihre Reaktion auf einen Artikel;
  - Ihre Meinung zu einem Thema von allgemeinem Interesse;
  - Ihr Lob oder Ihre Kritik an einer öffentlichen Aktion;
  - Ihr Hinweis auf soziales Engagement;
  - allgemeine (kommunal-)politische Ereignisse.

- **Darauf sollten Sie achten:**
  - Leserbriefe werden fast immer gekürzt. Formulieren Sie Ihr Thema deshalb präzise. Das Wichtigste kommt zuerst.
  - Bleiben Sie sachlich, argumentieren Sie mit Fakten.
  - Nennen Sie Ihren vollständigen Namen. Anonyme Leserbriefe dürfen nicht veröffentlicht werden. Sie können Beruf und Alter angeben.
  - Mit der Veröffentlichung Ihrer Meinung bieten Sie gleichzeitig Angriffsfläche für Kritik.
  - Wer Unwahrheiten über einen Dritten verbreitet, kann wegen Rufschädigung verklagt werden.

In den folgenden fünf Kapiteln finden Sie nun zahlreiche Musterbriefe:

- an Ämter und Behörden, Banken und Versicherungen;
- an Firmen und Handwerksbetriebe;
- in Sachen Urlaub und Freizeit;
- für Mietverhältnisse und Nachbarn;
- für das Arbeitsleben.

Kapitel 2

Musterbriefe an Ämter und Behörden, Banken und Versicherungen

Es gibt schwer wiegende Gründe, weswegen ein offizieller Brief nötig ist: immer dann nämlich, wenn Sie auf ein ebenso offizielles Schreiben eines Amtes antworten müssen. Ganz gleich, ob Sie »nur« eine Anfrage ans Finanzamt richten oder ob Sie einen Einspruch zu einem Steuerbescheid einreichen – bei allen Behörden und Institutionen haben Briefe einen höchst offiziellen Charakter.

Ähnlich sieht es aus, wenn Sie mit Banken und Versicherungen korrespondieren: Sie können sicher sein, dass Ihr Brief zu den Akten gelegt wird und nicht einfach nach Erledigung im Papierkorb landet. Gerade bei Ämtern und Behörden, Banken und Versicherungen empfiehlt sich also ein eher »offizieller« Ton. Dabei greifen Sie aber bitte nicht auf das so genannte Amtsdeutsch zurück, das sich meist besonders verklausuliert und umständlich ausdrückt. Sondern Sie schreiben Ihr Anliegen in schlichten, klaren und deutlichen Worten. Wenn Sie Bezug nehmen müssen auf ein Aktenzeichen oder einen Gesetzestext, auf ein Urteil oder einen besonderen Bescheid, weisen Sie darauf hin – bitte ebenfalls in schlichten Worten und nicht mit einem Wortungetüm wie »bezugnehmend« oder »bezüglich«. Ihr eigenes Aktenzeichen erscheint ebenso wie bei Banken die Konto- beziehungsweise Kreditnummer und bei Versicherungen die Versicherungsnummer in der so genannten Betreffzeile. Vermeiden Sie bitte das Wort »Betreff« oder – noch schlimmer! – die Abkürzung »betr.«. Sagen Sie in ein paar Worten, worum es geht, etwa:

- Kündigung meiner Versicherung Nr. 1234567890
- Anfrage wegen Bauausschusssitzung vom 22.03.2003
- Abmeldung Stromanschluss – Kundennummer 456 789 123

Hier ein Musterbrief, der sich im Großen und Ganzen an die DIN-Norm 5008 (Näheres in Kapitel 9) hält und den Sie als Layout-Vorlage für alle eigenen »offiziellen« Schreiben verwenden können (Leerzeilen sind mit »---« angegeben). Bitte beachten Sie beim Einrichten der Seite in einem Textverarbeitungsprogramm darauf, dass die Seitenränder oben und unten bei etwa 2,5 cm eingestellt sind; rechts und links sollten Sie mindestens den gleichen Abstand eingestellt haben.

Vorname Name
Straße Hausnummer Postleitzahl Ort
Telefon/Fax/Mobiltelefon/E-Mailadresse

Postvermerk

Unternehmen/Behörde
Herrn/Frau
Name
Straße Nummer

Postleitzahl Ort   Ort, Datum

Betreffzeile – Aktenzeichen/Versicherungsnummer

Sehr geehrte/r Frau/Herr/Damen und Herren,

Text in einzeiligem Abstand und durch Absätze untergliedert

Mit freundlichen Grüßen

Unterzeichner – handschriftliche Signatur
Vorname/Name in Maschinenschrift

---

evtl. Anlage

In den nachfolgenden Musterbriefen finden Sie die Betreffzeile immer fett gedruckt.

Finanzamt

Auch bei einem Schreiben ans Finanzamt müssen Sie sich keiner »Behördensprache« bedienen.

Einspruch gegen einen Steuerbescheid

Einspruch gegen den Einkommensteuerbescheid vom 22.04.2003
Steuernummer 333/24692/5775
Sehr geehrte Damen und Herren,
die von mir bei den Werbekosten geltend gemachte Abschreibung für den im vergangenen Jahr angeschafften Fotokopierer wurde von Ihnen nicht berücksichtigt. Der Fotokopierer steht in meinem Büro und wird von mir ausschließlich zu beruflichen Zwecken verwendet.
Ich lege deshalb Einspruch gegen den oben genannten Einkommensteuerbescheid ein und bitte Sie, die Abschreibung anzuerkennen.
Anbei erhalten Sie eine Kopie der Rechnung des Gerätes.
Mit freundlichen Grüßen
Dr. Elsbeth Mustermann

Bitte um Ratenzahlung beim Finanzamt

Steuernummer: 000/0000-00
Guten Tag, sehr geehrte Damen und Herren,
bitte gewähren Sie mir nachstehenden Zahlungsvorschlag für den Rückstand in Höhe von EUR ...
Zwölf monatliche Zahlungen á EUR ..., beginnend ab 01.10.2003
▓ Begründung (Beispiel):
Vor zwei Monaten wurde ich geschieden und bin daher vorübergehend in einem finanziellen Engpass. Es tut mir Leid, dass ich den Rückstand daher derzeit nicht sofort bezahlen kann.
Ich bitte Sie, bis zur Erledigung des Ansuchens keine Maßnahmen zur Einbringung zu setzen. Besten Dank im Voraus.
Freundliche Grüße
Michael Mustermann

Bitte um Stundung einer Nachzahlung

Steuernummer 1234/567/89 – Bescheid vom 03.03.2003
Sehr geehrte/r Frau/Herr Muster,
für das Jahr 2001 habe ich laut oben genannten Steuerbescheids
bis zum 14. März 2003 eine Nachzahlung in Höhe von 12.000 Euro
zu leisten.
Diese Summe kann ich leider frühestens bis zum 15. Oktober 2003
aufbringen. Deshalb bitte ich Sie, mir den Betrag zu stunden. Vielleicht lässt sich ja auch über eine Ratenzahlung reden. Einen Teilbetrag kann ich eventuell – je nach finanziellen Einkünften aus meiner Tätigkeit als selbstständiger Handelsvertreter – schon vor Mitte
Oktober bezahlen. Über einen positiven schriftlichen Bescheid würde
ich mich sehr freuen.
Vielen Dank im Voraus.
Mit freundlichen Grüßen
Dr. Peter Mustermann
Anlage

Bitte um Stundung beim Finanzamt (Ehepaar)

Steuernummer ....
Einkommensteuerbescheid für das Jahr .... vom ....
Antrag auf Stundung
Sehr geehrte Damen und Herren,
leider sind wir aufgrund
■ *hier Beispiele beziehungsweise Erklärung einfügen*
nicht in der Lage, die im oben genannten Steuerbescheid festgesetzte
Steuernachforderung sofort zu bezahlen. Wir möchten Sie daher bitten, uns die festgesetzte Steuernachforderung bis zum ... zu stunden.
Für Ihr Verständnis und Entgegenkommen danken wir im Voraus.
Mit freundlichen Grüßen
Michael und Erika Muster

Bitte um Stundung beim Finanzamt

Steuernummer: 000/0000-00
Sehr geehrte Damen und Herren,
ich bitte Sie, den Rückstand auf meinem Abgabenkonto in Höhe von
EUR .... bis zum 30.11.2003 zu stunden.

■ <u>Begründung(Beispiel):</u>
Vor drei Monaten musste ich meine Frau wegen einer schweren Er-
krankung im Ausland (USA) behandeln lassen. Die Kosten wurden
von unserer Krankenversicherung nicht übernommen. Ich bin da-
durch in eine kurzfristige finanzielle Notlage geraten. Im November
werde ich voraussichtlich wieder allen Verpflichtungen nachkom-
men können.
Vielen Dank für Ihr Verständnis.
Freundliche Grüße
Michael Muster

Antrag auf Fristverlängerung

Steuernummer ....
Antrag auf Fristverlängerung für die ESt.-Erklärung des Jahres ....
Sehr geehrte Damen und Herren,
leider ist es mir/uns
■ *hier Beispiele beziehungsweise Erklärung einfügen*
nicht möglich, die Einkommensteuererklärung für das Jahr ....
termingerecht einzureichen.
Ich/wir bitte(n), die Frist für die Abgabe der Einkommensteuererklärung bis zum .... zu verlängern.
Mit freundlichen Grüßen
Anton Muster

Einspruch gegen den Steuerbescheid

Steuernummer ....
Einspruch gegen den Einkommensteuerbescheid für das Jahr ...
vom ....
Sehr geehrte Damen und Herren,
hiermit lege(n) ich/wir form- und fristgerecht Einspruch ein gegen den
oben genannten Steuerbescheid.
Den Einspruch begründe(n) ich/wir wie folgt:
■ *hier Erklärung einfügen*
Für eine Bestätigung des Eingangs des Einspruchs wäre(n) ich/wir
Ihnen sehr dankbar.
Mit freundlichen Grüßen
Erika Muster

Einspruch gegen den Steuerbescheid ohne Begründung

Steuernummer ....
Einspruch gegen den Einkommensteuerbescheid für das Jahr ....
vom ....
Sehr geehrte Damen und Herren,
hiermit lege(n) ich/wir form- und fristgerecht Einspruch gegen den
oben genannten Steuerbescheid ein.
Eine nähere Begründung reiche(n) ich/wir noch nach.
Mit freundlichen Grüßen
Anton Muster

Anpassung der Vorauszahlung

Steuernummer ....
Antrag auf Herabsetzung der Einkommensteuer-Vorauszahlungen
Sehr geehrte Damen und Herren,
hiermit beantrage(n) ich/wir, die Einkommensteuer-Vorauszahlungen
zum nächsten Vorauszahlungstermin herabzusetzen.
Eine Anpassung der Vorauszahlungen nach unten ist notwendig, da
sich meine/unsere Einkommenssituation
◼ *hier Erklärung einfügen (zum Beispiel Umsatzrückgang,
   Einstellung einer Tätigkeit)*
wesentlich verschlechtert hat.
Geben Sie mir/uns bitte Bescheid, falls Sie dazu nähere Informationen benötigen.
Mit freundlichen Grüßen
Erika Muster

Stadtverwaltung

An die kommunale Verwaltung schreibt man etwa, wenn man eh-
renamtlich in einem Verein tätig ist. Aber auch »ganz normale«
Bürger weisen vielleicht schriftlich auf Missstände hin und suchen
um eine Auskunft oder eine Genehmigung nach.

Stadtverwaltung/Bauamt –
Bitte um Renovierung

Zustand der Umkleideräume in der Turnhalle Musterpark

Sehr geehrte/r Frau/Herr Muster,

wie bereits mehrfach angesprochen, lässt der bauliche Zustand der Umkleideräume in der Musterpark-Turnhalle sehr zu wünschen übrig:

- Die Garderobenmöbel sind mit unzähligen Graffitti übersät und zum Teil altersbedingt beschädigt.
- Die Duschräume weisen schwere Schäden wie defekte Brausen und gebrochene Bodenfliesen auf.
- Wegen technischer Defekte sind regelmäßig mehrere Toiletten unbenutzbar.

Dies alles ist Ihrem Amt seit Monaten bekannt. Im Namen des Vereinsvorstandes bitte ich dringend um Modernisierung und Renovierung der Umkleideräume. Die derzeitigen Zustände sind auch in Zeiten knapper öffentlicher Mittel insbesondere unseren Gastmannschaften nicht mehr länger zuzumuten. Eine Mannschaft hat bereits Protest beim Landeshandball-Verband eingelegt!

Wir wissen, dass die Turnhalle Musterpark auf der städtischen Prioritätenliste aufgrund der inzwischen fehlenden Schulnutzung ganz unten steht. Wir geben aber zu bedenken, dass unsere Handballmannschaften – insbesondere nach dem Aufstieg der 1. Damenmannschaft in die Landesliga – ein »Aushängeschild« auch für die Stadt Lippstadt sind. Bitte nehmen Sie sich dieser Sache an und helfen Sie uns, ein positives Image unserer Stadt nach außen zu tragen.

Im Namen des Handball-Clubs HBC Lippstadt e.V.

grüßt Sie hoffnungsvoll

Toni Muster

Stadtverwaltung/Wohngeldstelle –
Einspruch

Wohngeldnummer 123 456 789

Sehr geehrte Damen und Herren,

gegen Ihren ablehnenden Wohngeldbescheid vom 01.06.2003 lege ich hiermit Widerspruch ein.

Bei der Berechnung des Familieneinkommens gehen Sie von einer falschen Summe aus. Meines Erachtens ist Ihnen ein Fehler bei der Übertragung der Gehaltsdaten unterlaufen.

Ich bitte daher um neuerliche Prüfung meines Antrages unter Berücksichtigung der korrekten Gehaltsdaten (siehe Anlage).
Mit freundlichen Grüßen
Toni Muster

Stadtverwaltung/Sozialamt – Antrag

Einmalige Beihilfe
Sehr geehrte Damen und Herren,
hiermit beantrage ich, mir eine einmalige Beihilfe für folgende
Sachen zu gewähren.

- *Es folgt Ihre Aufzählung der Dinge, die Sie vom Sozialamt als Beihilfe erhalten wollen. Zu den einmaligen Beihilfen gehören:*
  - *Bekleidungsbeihilfe*
  - *Bestattungskosten*
  - *Fahrten zum Besuch naher Angehöriger*
  - *Gardinenbeihilfe*
  - *Hausrat-/Möbelbeihilfe*
  - *Heizungsbeihilfe*
  - *Renovierungsbeihilfe*
  - *Reparaturkosten, Instandhaltung von Kleidung, Wäsche, Schuhen und Hausrat in größerem Umfang*
  - *Schulanfänger- und Schulentlassungsbeihilfe*
  - *Umzugskostenbeihilfe*
  - *Weihnachtsbeihilfe*
  - *Jahresabrechnung beim Kochen mit Gas und Elektrizität*
  - *Säuglingsausstattung*
  - *Versicherungen*
  - *Waschmaschinen-Anschaffung*
  - *Übernahme von Mietrückständen*
  - *Putzhilfe*
  - *Kosten bei Klassenfahrten*
  - *Telefonanschluss und Grundgebühr*

Mit freundlichen Grüßen
Martin Muster

Versorgungsamt – Widerspruch

**Mein Antrag auf Feststellung der Schwerbehinderteneigenschaften
Ihre Feststellung vom ....**
Aktenzeichen: ....
Gegen Ihren Bescheid vom ....., in dem Sie den Grad der Behinderung
(GdB) mit ... Prozent feststellen, lege ich hiermit Widerspruch
ein.
Meine Begründung: Sie haben den GdB zu niedrig angesetzt.
Für die Feststellung hätte nicht nur die Behinderung aufgrund meiner
motorischen Symptomatik, sondern auch die auf Grund meiner Krank-
heit fortschreitende Behinderung bei der Nahrungsaufnahme berück-
sichtigt werden müssen. Die letztgenannte Behinderung ist bei der
Feststellung des Gesamt-GdB nicht gebührend berücksichtigt worden.
Mit freundlichem Gruß
Elsbeth Mustermann

Ämter, Behörden und Institutionen

Hier trifft man als Empfänger eines Briefes wohl auf das schlimms-
te »Amtsdeutsch« – oft so verklausuliert, dass Sie als Leser Proble-
me haben, den Inhalt zu erfassen. Wenn Sie etwas gar nicht verstehen – wehren Sie sich! Lassen Sie sich das Schreiben in »normalem«
Deutsch erklären. Hüten Sie sich aber bitte davor, in ähnlicher
Sprache zu antworten. Bleiben Sie auch in einem offiziellen Schreiben an solche Adressaten schlicht, klar und deutlich.

Verwaltungsgericht – Untätigkeitsklage

Untätigkeitsklage
Aktenzeichen: ....
Sehr geehrte Damen und Herren,
hiermit erhebe ich Untätigkeitsklage gegen das Sozialamt, Abteilung ....
Am 22.04.2003 hatte ich einen Antrag auf eine einmalige Beihilfe
für Bekleidung gestellt. Dieser Antrag wurde mit dem Bescheid
vom 05.05.2003 abgelehnt.

Daraufhin habe ich fristwahrend am 05.05.2003 Widerspruch eingelegt.
Über diesen Widerspruch ist bis heute, nachdem über 3 Monate vergangen sind, noch nicht entschieden worden.
Ich beantrage hiermit, eine Entscheidung über meinen Widerspruch durch Urteil herbeizuführen.
Mit freundlichen Grüßen
Marthe Muster

Sozialgericht – Klageschrift gegen die Feststellung der Schwerbehinderteneigenschaften

Feststellung der Schwerbehinderteneigenschaften
Widerspruchsbescheid des Landesversorgungsamtes vom 23.05.03;
Feststellungsbescheid des Versorgungsamtes vom 22.03.03

Aktenzeichen: 123456/03
Sehr geehrte Damen und Herren,
hiermit klage ich gegen das Land, vertreten durch das Versorgungsamt, wegen Feststellung der Schwerbehinderteneigenschaften.
Ich beantrage, den Feststellungsbescheid des Versorgungsamtes sowie den Widerspruchsbescheid des Landesversorgungsamtes aufzuheben und auf einen Grad der Behinderung von 60 Prozent zu erkennen.
Begründung: In den beiden genannten Bescheiden ist der GdB zu niedrig angesetzt. Für die Feststellung hätte berücksichtigt werden müssen.
■ *Hier die Begründung einfügen*
Die oben genannten Bescheide füge ich bei.
Mit freundlichen Grüßen
Hans-Herbert Muster

Stadtverwaltung/Amt für öffentliche Ordnung – Antrag auf Parkerleichterung

Antrag auf Parkerleichterung
Sehr geehrte Damen und Herren,
ich bin im Besitz eines Schwerbehindertenausweises mit den Kennzeichen .....
■ *hier einfügen, an welcher Behinderung Sie leiden, z. B. aG,*
  d. h. außergewöhnlich gehbehindert.

Aus diesem Grund beantrage ich eine Ausnahmegenehmigung zur Bewilligung von Parkerleichterungen für meinen Pkw.

Als Anlage übersende ich Ihnen eine Kopie des Bescheides des Versorgungsamtes.

Für Ihre freundliche Unterstützung bedanke ich mich recht herzlich und verbleibe

mit freundlichen Grüßen

Albert Mustermann

Stadtverwaltung/Amt für öffentliche Ordnung – Einspruch gegen Ordnungsbescheid

Einspruch gegen Ordnungsbescheid

Sehr geehrte Damen und Herren,

am 31.05.2003 fand ich an meinem Auto (amtliches Kennzeichen XX-YY 123), das ich in der Musterstraße in Höhe Nr. 17 geparkt hatte, eine Verwarnung mit der Androhung einer Ordnungsstrafe wegen unberechtigten Parkens in einer gebührenpflichtigen Parkzone. Die Kopie des Formulars lege ich bei.

Tatsächlich hatte ich nicht – wie vorgeschrieben – einen Parkschein an gut sichtbarer Stelle meines Fahrzeugs angebracht. Das geschah jedoch nicht infolge Nachlässigkeit, sondern aufgrund eines technischen Defekts: Beide Parkscheinautomaten in der Musterstraße nahmen an diesem Vormittag keine 50-Cent- oder 1-Euro-Münzen an. Ich denke, meine Angaben werden sich leicht überprüfen lassen.

Da ich also durchaus bereit war, die fälligen Parkgebühren zu zahlen, die Parkautomaten dies allerdings nicht zuließen, bitte ich darum, den Ordnungsbescheid aufzuheben.

Mit freundlichen Grüßen

Manuel Muster

Anlage

Stadtverwaltung/Straßenverkehrsamt – Anzeige wegen einer Ordnungswidrigkeit

Anzeige einer Ordnungswidrigkeit

Allgemeiner Sachverhalt:

Auf dem Grundstück Musterstraße 44 finden sich von der Mustergasse 30 aus erreichbar eine Garage und sechs Stellplätze. Der Bürgersteig vor dem Haus ist in dem Bereich der Einfahrt durch weiße Markierungen und Schilder deutlich abgegrenzt. Auch sind Stellplätze und Garage deutlich sichtbar.

Sehr häufig ist es meiner Familie oder den Mietern des Hauses aber nicht oder nur unter großen Schwierigkeiten möglich, die Garage oder den Stellplatz zu benutzen oder herauszufahren, da Fahrzeuge zwischen den Begrenzungsmarkierungen parken und so die Zufahrt versperren.

Konkrete Anzeige:

Am 23. März 2003

Um 16.35 Uhr

parkte der Wagen amtliches Kennzeichen XX-YY 345

Fabrikat Musterwerke

behindernd zwischen den Begrenzungsmarkierungen vor der Einfahrt. Der Wagen war verlassen. Es befand sich weder der Fahrer noch eine andere Person abfahrbereit in dem Fahrzeug.

Diesen Vorgang können bezeugen:

Frau/Herr Elsbeth und Anton Mustermann

Ich bitte um Ahndung dieser Ordnungswidrigkeit.

Mit freundlichen Grüßen

Herbert Muster

Telekom – Einspruch gegen Telefonrechnung

Anschluss Nr. 09090909

Abrechnung für April 2003

Sehr geehrte Damen und Herren,

für den Abrechnungsmonat April haben Sie mir eine Telefonrechnung in Höhe von € 238,00 zugestellt.

Gegen diese Rechnung erhebe ich Einspruch.

Begründung: Vom 02.03.2003 bis 01.04.2003 befand ich mich auf einer Urlaubsreise. Niemand anders hatte während dieser Zeit Zutritt zu meiner Wohnung. Somit lässt sich die Höhe Ihrer Rechnung nur durch einen Fehler in Ihrer Rechnungsstelle erklären. Bitte klären Sie die Angelegenheit.

Mit freundlichen Grüßen

Monika Mustermann

Schule – Beurlaubung Feier

Beurlaubung wegen Familienfeier
Sehr geehrte Frau Muster,
am 2. September feiern wir im großen Familienkreis den 80sten Geburtstag meiner Mutter. Die Feier beginnt um 11 Uhr morgens in Köln. Ich bitte Sie, meinen Sohn Dirk an diesem Tag vom Unterricht zu beurlauben.
Vielen Dank für Ihr Verständnis.
Mit freundlichen Grüßen

Schule – Beurlaubung Operation

Beurlaubung wegen Operation
Sehr geehrter Herr Dr. Muster,
hiermit möchte ich Sie darüber informieren, dass mein Sohn Lukas in der Zeit vom 14. bis 28. Juli 2003 wegen einer Mandeloperation nicht die Schule besuchen kann.
Bitte sorgen Sie doch dafür, dass der Lehrer meines Sohnes, Herr Paul Mustermann, mir den Lehrstoff im Vorfeld bekannt gibt, damit Lukas diesen während seiner Abwesenheit durcharbeiten kann.
Mit freundlichen Grüßen
Anna Mustermann

Schule – Entschuldigung Erkrankung

Entschuldigung wegen Erkrankung
Sehr geehrte Frau Muster,
bitte entschuldigen Sie das Fehlen meiner Tochter Andrea. Sie ist krank und muss für die Dauer von mindestens einer Woche dem Unterricht fernbleiben. Ein Attest liegt bei.
Vielen Dank für Ihr Verständnis.
Mit freundlichen Grüßen
Annabell Mustermann

Schule – Entschuldigung Verspätung

Entschuldigung wegen Verspätung
Sehr geehrte Frau Mustermann,
hiermit nehme ich zur Kenntnis, dass meine Tochter Beatrix gestern
wieder einmal 10 Minuten zu spät zum Unterricht erschienen ist.
Wie Sie wissen, bleiben die Bahnschranken an der B 75 außerordent-
lich lang geschlossen, wenn die S 13 Verspätung hat. Das war auch
leider gestern der Fall.
Mit freundlichen Grüßen
Peter Muster

Schule – Befreiung vom Religionsunterricht

Befreiung vom Religionsunterricht
Sehr geehrter Herr Professor Dr. Mustermann,
meine Tochter Silke möchte mit Beginn des neuen Schuljahres nicht
mehr am Religionsunterricht teilnehmen. Da sie noch keine 14 Jahre
und damit noch nicht nach dem Gesetz religionsmündig ist, beantrage
ich ihre Befreiung vom Religionsunterricht.
Mit freundlichen Grüßen
Liese Muster

Schule – Ausgefallene Unterrichtsstunden

Unterrichtsausfall im November
Sehr geehrter Herr Muster,
im Monat November hat der Unterrichtsausfall an der Schule Turm-
weg einen traurigen Höhepunkt erreicht. Allein in der Klasse 4a meines Sohnes Lukas kam es zu neun Ausfallstunden. Von anderen Eltern
habe ich erfahren, dass es teilweise sogar noch mehr waren. So kann
es nicht weitergehen, wenn wir unseren Kindern alle Chancen für ihre
Zukunft erhalten wollen.
Ich bitte Sie als Rektor dringend, diesen Missstand zu beheben.
Da ich weiß, dass Sie mit Lehrermangel zu kämpfen haben, werde ich
meine Bitte zusätzlich an die Schulbehörde richten.
Mit freundlichen Grüßen
Patrick Mustermann

Polizei, Staatsanwaltschaft und Gerichte

Keine Angst vor der offiziellen Gerichtsbarkeit und vor der Polizei. Meist sind Letztere nämlich wirklich »Freund und Helfer«. Auf jeden Fall sind sie – auch wenn sie sich meist der »Amtssprache« bedienen – Menschen. Selbst hinter dem Talar und der Robe von Rechtsanwälten, Richtern und Staatsanwälten verbergen sich nicht automatisch sture und unmenschliche Amtspersonen. Wenn Sie also einen offiziellen Brief schreiben müssen oder wollen, schildern Sie den Sachverhalt in klarer und verständlicher Sprache. Niemals vergessen sollten Sie bei einem bereits laufenden Vorgang – in der Betreffzeile – das Aktenzeichen!

Polizei – Anzeige

Anzeige
Sehr geehrte Damen und Herren,
hiermit erstatte ich Anzeige gegen Frau/Herrn Mustermann
wegen
.....
Der Anzeige liegt folgender Sachverhalt zugrunde:
▓ *Hier den Sachverhalt genau schildern, eventuell Zeugen benennen*
Ich bitte Sie, der Sache nachzugehen und mir das Aktenzeichen des Vorgangs mitzuteilen.
Mit freundlichen Grüßen
Anton Muster

Staatsanwaltschaftliche Anzeige

Strafanzeige
Sehr geehrte Damen und Herren,
am .... wurde ich Zeuge folgenden Vorfalls:
▓ *Hier den Vorfall detailgenau schildern*
Ich bitte Sie, den Sachverhalt in strafrechtlicher Hinsicht zu überprüfen. Bitte teilen Sie mir das Aktenzeichen mit, unter dem der Vorgang bearbeitet wird.
Mit freundlichen Grüßen
Petra Muster

Staatsanwaltschaftliche Anzeige gegen Unbekannt

Anzeige gegen Unbekannt
Sehr geehrte Damen und Herren,
folgenden Vorfall möchte ich zur Anzeige bringen:
■ *Hier den Vorfall detailgenau schildern*
Bitte nehmen Sie die Ermittlungen auf und teilen Sie mir das Aktenzeichen mit, unter dem der Vorgang bearbeitet wird.
Mit freundlichen Grüßen
Anton Muster

Staatsanwaltschaft – Bitte um Einstellungsbescheid

Strafverfahren gegen Unbekannt
Aktenzeichen ....
Sehr geehrte Damen und Herren,
am .... habe ich den Diebstahl von .... polizeilich angezeigt.
Der Vorgang wird unter dem oben genannten Aktenzeichen bearbeitet.
Bitte teilen Sie mir mit, ob in dieser Sache ein Täter ermittelt werden konnte. Falls das Verfahren eingestellt worden ist, bitte ich um baldige Übersendung eines Einstellungsbescheides an mich.
Die Versicherung macht die Auszahlung der Versicherungssumme von der Vorlage des Bescheides abhängig.
Für Ihre Mühe vielen Dank im Voraus.
Mit freundlichen Grüßen
Johann Muster

Gericht – Anforderung eines Urteils

Mustergericht (hier genaue Bezeichnung des Gerichts einsetzen)
Geschäftsstelle: ....
Aktenzeichen: ....
Urteilsanforderung
Sehr geehrte Damen und Herren,
bitte übersenden Sie mir aus dem oben angeführten Verfahren einen anonymisierten Abdruck der Entscheidung vom ....
(Stichpunkt: ....).
Für die üblichen Kosten komme ich auf.

Auf die angeforderte Entscheidung bin ich aufmerksam geworden durch *Internet/Tageszeitung/Zeitschrift/Radio/Fernsehen/anderes Medium.*
Mit freundlichen Grüßen
Herbert Muster

Versicherungen und Banken

Ähnlich wie Behörden sind auch Versicherungen und Banken bestrebt, möglichst alles detailgenau und sorgsam schriftlich festzuhalten. Kein Wunder – schließlich geht es um zum Teil viel Geld! Von Ihrer Seite ebenso wie von Ihrem Gegenüber. Achten Sie bei Schreiben an Banken und Versicherungen immer genau darauf, dass Sie die richtigen Vertrags- beziehungsweise Kontonummern angeben.

Vertragskündigung

Kündigung meiner Haftpflichtversicherung Nr. 1234567890
Sehr geehrte Damen und Herren,
hiermit kündige ich meine o.g. Versicherung zum Ende des nächsten Versicherungsjahres.
▨ *Sie können, müssen aber keine Begründung angeben, wenn Sie fristgerecht kündigen.*
Mit freundlichen Grüßen
Michael Muster

Vertragskündigung nächstmöglicher Zeitpunkt

Kfz-Versicherungsnr. 0987654321........
Sehr geehrte Damen und Herren,
hiermit möchte ich die oben genannte Versicherung zum nächstmöglichen Zeitpunkt kündigen. Nach meinen Unterlagen müsste dies zum 26. Juli 2003 möglich sein.
Bitte bestätigen Sie mir diese Kündigung schriftlich an die oben angegebene Adresse. Vielen Dank im Voraus!
Mit freundlichen Grüßen
Anton Muster

Krankenkasse Kündigung

Kündigung Versichertennummer 1234567890
Guten Tag, Herr Dr. Mustermann,
mit diesem Brief kündige ich fristgerecht die Krankenversicherung per
Vertragsende 31.12.2002. Bitte schicken Sie mir die Kündigungsbe-
stätigung.
Danke für die gute Betreuung.
Freundliche Grüße
Angelika Musterfrau

Beitragsfreistellung einer Lebensversicherung

Vertragsnr. 1234567890
Sehr geehrter Herr Muster,
wie heute morgen telefonisch mit Ihnen besprochen, möchte ich hiermit den oben genannten Vertrag beitragsfrei stellen. Dies möchte
ich – wegen der derzeitig schlechten Ertragslage in meinem Beruf als
selbstständige Handelsvertreterin – schnellstmöglich tun, und zwar
für die von Ihnen genannte Zeit von einem Jahr. Bitte bestätigen Sie
mir dies an die oben angegebene Adresse. Vielen Dank.
Mit freundlichen Grüßen
Angelika Mustermann

Versicherung – Angebot einholen

Bitte um ein Angebot – Inventarversicherung
Sehr geehrter Herr Muster,
seit dem 1. Mai 2003 bin ich in Rastatt mit meinem Schreibbüro
selbstständig tätig. Jetzt möchte ich für meine Büroausstattung samt
EDV eine Inventarversicherung abschließen. Da ich mit meiner bei
Ihnen bestehenden Kfz-Versicherung zufrieden bin, möchte ich gern
wissen, ob Sie mir ein entsprechendes Angebot unterbreiten können.
Insgesamt setze ich in meinem Büro Arbeitsmittel (hauptsächlich
PC und Telekommunikation) im Wert von etwa € 5.000 ein. Ich bin
daran interessiert, diese Ausstattung gegen Diebstahl, Feuer,
Wasserschäden und Blitzschlag abzusichern. Außerdem möchte ich
wissen, ob ich als Stammkundin bei Ihnen einen besonderen Tarif
erhalten werde.

Bitte unterbreiten Sie mir ein schriftliches Angebot. Brauchen Sie dafür noch weitere Informationen? Oder haben Sie Fragen zu meinen Angaben? Dann rufen Sie mich doch bitte einfach unter der oben angegebenen Rufnummer an – herzlichen Dank.
Für heute grüßt Sie freundlich
Elsbeth Mustermann

Termin Berufsunfähigkeits-/Krankentagegeld-Versicherung

Berufsunfähigkeits-/Krankentagegeld-Versicherung
Ihr Angebot vom 22. März 2003
Sehr geehrter Herr Mustermann,
unser erstes Gespräch wegen meiner Haftpflichtversicherung hat mich doch nachdenklich gemacht: Ihre Argumente für eine weitere Verdienstabsicherung haben etwas für sich und ich würde gern auf Ihr Angebot für einen weiteren Termin zurückkommen. Es wäre schön, wenn Sie mit mir einen Termin in der nächsten Woche vereinbaren könnten. Besonders gut passen mir derzeit noch der Mittwoch und der Donnerstag (jeweils ab 16.00 Uhr). Ich tendiere zu einer kombinierten Versicherung Berufsunfähigkeit/Krankentagegeld – vielleicht können Sie mir zum nächsten Gespräch bereits einige Rechenbeispiele mitbringen?
Für Ihre Bemühungen schon jetzt vielen Dank. Sie erreichen mich zur Terminvereinbarung am besten per Handy: 0111/1234567.
Freundliche Grüße
Anton Muster

Haftpflichtversicherung – Schadensmeldung

Schadensmeldung – Versicherungsnr. 1234567890
Sehr geehrter Herr Mustermann,
leider muss ich mich heute mit einem Schadensfall an Sie wenden:
▓ *Hier den Schaden in einfachen und klaren Worten schildern. Wenn nötig, Fotos oder Zeichnungen beifügen.*
Da mir zurzeit kein Formular für eine Schadensmeldung vorliegt, bitte ich Sie, mir dieses möglichst schnell per Post zuzusenden, damit die Sache schnell geregelt wird. Vielen Dank.
Mit freundlichen Grüßen
Elsbeth Muster

Angebot Lebensversicherung – Absage

Absage Angebot Lebensversicherung
Sehr geehrte Frau Muster,
vielen Dank für das interessante Gespräch am 21.04.2003 in Ihrem
Haus und die Informationen über eine Lebensversicherung. Nach
genauen Überlegungen haben wir uns jedoch für einen anderen An-
bieter entschieden.
Mit freundlichen Grüßen
Anton Mustermann

Krankenkasse – Anforderung eines Krankenscheins

Versicherungsnummer 123 456 789
Auslandskrankenschein
Sehr geehrte Damen und Herren,
am 04. Juni 2003 hatte ich bei Ihnen einen Auslandskrankenschein
für unsere Reise nach Südafrika angefordert. Leider ist der Kran-
kenschein noch immer nicht eingetroffen, unser Urlaubstermin rückt
aber immer näher. Deshalb darf ich Sie hiermit nochmals um
umgehende (!) Zusendung des Auslandskrankenscheins bitten!
Mit freundlichen Grüßen
Martin Muster

Krankenkasse – Kostenersatz Zahnbehandlung

Kostenersatz
Guten Tag, Herr Dr. Mustermann,
danke für Ihren gestrigen Brief. Ich freue mich, dass die Kranken-
kasse die Zahnbehandlungskosten meiner Tochter Sabine im Urlaub
übernehmen wird. Sie haben geschrieben, dass Sie noch die genaue
Adresse des behandelnden Arztes benötigen. Hier ist sie:
Dr. Angelika Muster
Mustergasse 13
11111 Musterstadt
Falls Sie weitere Informationen brauchen, rufen Sie mich bitte unter
der Telefonnummer 0111/123456 an.
Freundliche Grüße sendet Ihnen
Petra Musterfrau

Krankenkasse wegen Kostenerstattung

Versicherungsnummer: 123456789
Guten Tag,
am 4. Mai 2003 ließ ich mich von Facharzt Dr. Max Mustermann
behandeln. Heute schicke ich Ihnen die Rechnung dieser Behand-
lung. Bitte überweisen Sie den Rechnungsbetrag auf mein Konto bei
der Musterbank AG,
Kto.-Nr.: ...., BLZ: 11000.
Herzlichen Dank!
Freundliche Grüße nach Musterstadt sendet Ihnen
Angelika Musterfrau
Anlage

Krankenkasse – Belege und ausstehende Zahlung

Einreichung von Belegen/Anmahnung von Zahlung
Versicherungsnr. 1234567890
Sehr geehrte Damen und Herren,
mit Schreiben vom 25.04.2003 habe ich Ihnen Arztrechnungen und
Medikamentenquittungen mit der Bitte um Erstattung eingereicht.
Obwohl mittlerweile zwei Monate vergangen sind, habe ich weder eine
Erstattungsmeldung von Ihnen erhalten noch konnte ich einen ent-
sprechenden Zahlungseingang auf meinem Konto 123 456 bei der
Muster-Bank (BLZ 100 100 00) feststellen.
Bitte überprüfen Sie Ihre Unterlagen und teilen Sie mir mit, warum
sich die Erstattung so verzögert und wann ich mit der Gutschrift des
Betrages auf meinem Konto rechnen kann.
Mit freundlichen Grüßen
Max Mustermann

Krankenkasse – Leistungen Pflegeversicherung

Leistungen aus der Pflegeversicherung
Versicherungsnr. 1234567890
Sehr geehrte Damen und Herren,
mein Vater ist von der Alzheimer-Krankheit betroffen. Auf Grund der
fortgeschrittenen Symptomatik ist eine erhebliche Verschlechterung
seit der letzen Begutachtung durch den Medizinischen Dienst der
Krankenversicherung bei meinem Vater eingetreten.

Seit dieser letzten Begutachtung ist mein Vater auf die ständige Anwesenheit einer Hilfsperson angewiesen, die ihn vor den Folgen (zum Beispiel Verletzungen) der fortgeschrittenen Symptomatik schützt.

Bei den gewöhnlichen und regelmäßig wiederkehrenden Verrichtungen im Ablauf des täglichen Lebens bedarf er der permanenten Hilfe.

■ *Hier zählen Sie alle Tätigkeiten auf, bei denen Ihr Angehöriger der Hilfe bedarf. Achten Sie darauf, dass diese Tätigkeiten im Katalog der gewöhnlichen und wiederkehrenden Verrichtungen des täglichen Lebens aufgeführt sind, denn nur diese werden bei der Einstufung in eine der Pflegestufen berücksichtigt.*

Vor dem Hintergrund der stetigen Verschlechterung des Gesundheitszustandes meines Vaters und der damit verbundenen Erhöhung des Pflegeaufwandes beantragen wir Leistungen der Pflegestufe III.

Mit freundlichen Grüßen
Elsbeth Mustermann

Krankenkasse – Versicherungspflicht Pflegeversicherung

Versicherungspflicht wegen nichterwerbsmäßiger Pflege
Versicherungsnr. 1234567890

Sehr geehrte Damen und Herren,
hiermit zeige ich an, dass ich meinen Vater ganztägig pflege. Meinem Vater ist mit Bescheid vom 23.03.2003 Pflegegeld nach Pflegestufe III zuerkannt worden.

Ich bitte, mich zur Durchführung der Pflichtversicherung in der gesetzlichen Rentenversicherung wegen nichterwerbsmäßiger Pflege bei der Landesversicherungsanstalt zu melden, an die für mich zuletzt Pflichtbeiträge entrichtet worden sind.

Mit freundlichen Grüßen
Martina Mustermann

Krankenkasse – Widerspruch wegen Pflegeeinstufung

Widerspruch gegen Ihren Bescheid vom 20.02.2003
Aktenzeichen XYZ-333
Versicherungsnr. 1234567890
Sehr geehrte Damen und Herren,
gegen Ihren Bescheid vom 20.02.2003, bei mir eingegangen am
23.02.2003, Aktenzeichen III Bt 200/03, lege ich Widerspruch ein.
Begründung:
Ich habe am 15.01.2003 bei Ihnen einen Antrag auf Pflegesachleis-
tung der Pflegestufe II gestellt. Nach der Untersuchung durch den
Medizinischen Dienst der Krankenkassen Ende Januar 2003 haben
Sie mir zwar Pflegeleistungen bewilligt, jedoch nur nach Pflegestufe I.
Diese Einstufung lediglich in die Pflegestufe I ist nicht zutreffend.
Nach den einschlägigen Vorschriften wird in die Pflegestufe II einge-
stuft, wer bei den im Gesetz genannten Verrichtungen täglich Hilfe in
einem zeitlichen Umfange von mindestens drei Stunden im Durch-
schnitt benötigt. Dies ist bei mir der Fall, wie ich bereits ausführlich
im Gespräch mit dem MDK begründet habe. Bei der Körperpflege,
Ernährung und Mobilität brauche ich täglich mindestens zweieinhalb
Stunden Hilfe, hinzu kommt mindestens noch einmal eine dreiviertel
Stunde täglich für hauswirtschaftliche Versorgung.
Der MDK müsste diese in seinem Gutachten festgestellt haben. Leider
kenne ich dieses Gutachten bisher nicht. Ich bitte daher zunächst,
mir das MDK-Gutachten in Kopie zuzusenden. Hierauf habe ich nach
§ 25 SGB X einen Anspruch. Nach Einsicht in das Gutachten werde
ich hierzu näher Stellung nehmen.
Mit freundlichen Grüßen
Martina Mustermann

Bank – Anforderung von Informationen

Darlehen für Existenzgründer
Sehr geehrte Damen und Herren,
in absehbarer Zeit möchte ich mich mit einem eigenen Unternehmen
selbstständig machen. Mein Ziel ist ein Kosmetiksalon in der Innen-
stadt von Baden-Baden, den ich als diplomierte Kosmetikerin selbstständig führen kann. Ich interessiere mich daher sehr für Ihr Existenz-

gründer-Programm. Auch Informationen über Ihre Konditionen für ein Geschäftskonto sind wichtig für mich.

Außerdem habe ich eine Reihe von Fragen zum Umfang Ihres Existenzgründer-Programms. Können Sie mir auch bei der Vermittlung entsprechender Geschäftsräume behilflich sein oder sogar einschlägige Informationen für eine Geschäftsnachfolge vermitteln? Bitte nennen Sie mir die zuständige Person in Ihrem Haus, mit der ich einen Beratungstermin vereinbaren kann.

Für Ihre freundlichen Bemühungen danke ich Ihnen schon jetzt sehr herzlich. Da ich zurzeit noch in einem ungekündigten Arbeitsverhältnis stehe, bitte ich Sie, meine Anfrage vertraulich zu behandeln – vielen Dank!

Es grüßt Sie erwartungsvoll
Elsbeth Mustermann

Bank – Änderung des Dispositionskredits

Kto. Nr. 123456789
Sehr geehrte Damen und Herren,
wie ich kürzlich feststellen musste, hat Ihr Institut den Dispositionsrahmen meines Kontos (Kto.Nr. 123456789) eigenmächtig um 1.000,- Euro erhöht.

Ich möchte Sie bitten, den Disporahmen in den ursprünglichen Stand zurückzuversetzen.

Mit freundlichen Grüßen
Martin Muster

Bank – Erhöhung des Dispositionskredits

Kto. Nr. 123456789
Sehr geehrte Damen und Herren,
da ich in den nächsten Monaten einige Ausgaben haben werde, deren Bezahlungstermine ich jetzt noch nicht einschätzen kann, möchte ich Sie bitten, den Rahmen meines Dispositionskredits zu erhöhen, und zwar auf € 8.000,–.

Momentan räumen Sie mir € 2.500,– ein. An den regelmäßigen Zahlungseingängen meines Gehaltes können Sie ersehen, dass ich monatlich etwa € 3.500,– einnehme. An regelmäßigen Ausgaben stehen dem € 2.300,–, gegenüber. Ich lege Ihnen die Gehaltsabrechnungen der vergangenen drei Monate bei.

Ich würde mich freuen, wenn Sie mich möglichst bald kontaktierten –
gerne auch zu einem persönlichen Gespräch in Ihrer Filiale. Sie erreichen mich tagsüber unter der Telefonnummer (1111)123456 oder
unter meiner Handynummer 01999/12345689.
Mit freundlichen Grüßen
Susanne Muster

Bank – Umzugsmitteilung

Kontonummer 123456789
Sehr geehrte Damen und Herren,
ich bin aus beruflichen Gründen von Musterstadt nach Musterdorf ge-
zogen, möchte mein Konto aber bei Ihnen behalten. Bitte ersetzen
Sie mein alte Adresse (Mustergasse 17, 11111 Musterstadt) durch
meine neue Anschrift. Sie lautet:
Martin Muster
Musterstraße 9
99999 Musterdorf
Mit freundlichen Grüßen
Martin Muster

Bank – Anfrage zum Löschungsantrag

Hypothekenvertrag Nr. 1234567890
Sehr geehrte Frau Muster,
am 16. März 2004 hatte mein Rechtsanwalt Dr. Max Mustermann in
meinem Auftrag einen Löschungsantrag für die Hypothek auf mein
Haus in der Mustergasse 91, 11111 Musterstadt, gestellt.
Bedauerlicherweise habe ich bislang keine Rückmeldung auf den An-
trag erhalten. Gibt es dafür einen Grund? Ich bin Ihnen dankbar, wenn
Sie mich über den Stand der Dinge unterrichten, gern auch telefo-
nisch unter (0111) 123 567.
Für Ihre Auskunft bereits im Voraus vielen Dank!
Mit freundlichem Gruß
Susanne Mustermann

Kapitel 3

Musterbriefe an Firmen und Handwerker

Ein Brief macht immer mehr Eindruck als das gesprochene Wort. Und selbstverständlich gilt auch stets der Satz des Schülers aus Goethes Faust, Teil 1: »… was man schwarz auf weiß besitzt, kann man getrost nach Hause tragen.« Zwar kann man Verträge auch mündlich schließen. Jeder von uns tut das praktisch Tag für Tag, wenn wir einkaufen gehen. Denn die Shoppingtour – ob in der Edelboutique oder bei Aldi – ist nichts anderes als ein Kaufvertrag, den man mündlich abschließt. Wenn Sie jedoch größere Beträge ausgeben, sei es für Auto, Wohnung, Möbel oder Dienstleistungen, werden Sie Ihre Kaufvereinbarungen schriftlich niederlegen.

Geld gegen Leistung oder Geld gegen Ware – wenn Sie nichts Schriftliches in Händen halten, werden Sie nur schwer beweisen können, wie es um die entsprechende Angelegenheit bestellt ist. Selbst wenn Sie »nur« einen Kassenbon als Beleg für den Kauf haben: Er ist das offizielle Dokument dafür, dass Sie Geld für eine Leistung hinterlassen haben – eine Sachleistung, wenn Sie etwas im Laden kaufen; eine Dienstleistung, wenn jemand etwas für Sie erledigt hat. Bei Differenzen und unterschiedlicher Ansicht über den Wert oder die Ausführung dieser Leistung empfiehlt es sich also, ebenfalls schriftlich vorzugehen. Nicht nur wenn Sie Grund zu Beschwerde und Reklamation, Mängelrüge oder zur Setzung von Fristen haben. (Zum einen halten Sie eine Kopie in Händen; wenn Sie Ihren offiziellen Brief per Einschreiben versenden, haben Sie zum anderen einen Beweis, dass Ihr Schreiben auch wirklich beim Empfänger angekommen ist.) Sondern auch, wenn Sie von einem Kauf zurücktreten, wenn Sie einen Kaufvertrag kündigen, wenn Sie ein Angebot einholen oder einer Firma auch nur mitteilen, dass Sie umgezogen sind. Im Folgenden finden Sie daher Musterbriefe zu den Themen

- Adressänderung
- Anfrage/Bestellung
- Beschwerde
- Reklamation
- Mängelanzeige
- Fristsetzung
- Widerruf
- Kündigung

Die so genannte Betreffzeile ist jeweils fett gedruckt.

Adressänderung

Umzugsmitteilung für Mobilfunkbetreiber

Kundennummer: 12345/678/90
Sehr geehrte Damen und Herren,
bitte senden Sie ab 1. Oktober 2003 die Rechnungen für meinen Mobiltelefon-Vertrag an meine neue Anschrift:
Martha Muster
Musterstraße 31
11111 Musterdorf
Mit freundlichen Grüßen
Martha Muster

Umzugsmitteilung für Zeitschriftenabonnement

Kundennummer 9876/6543/21
Mein Abonnement der Zeitschrift »Musterheft«
Adressenänderung
Sehr geehrte Damen und Herren,
zum 1. Januar 2003 ziehe ich um. Bitte schicken Sie mir die Zeitschrift deshalb ab sofort an folgende Adresse:
Manfred Mustermann
Mustergasse 6
11111 Musterdorf
Vielen Dank!
Mit freundlichen Grüßen
Manfred Mustermann

Anfragen und Angebote

Anfrage wegen einer Stereoanlage

Ihre Stereoanlage MSY 2813
Sehr geehrte Damen und Herren,
in der letzten Ausgabe von »HiFi-Total« wurde Ihre Stereoanlage MSY 2813 ausführlich vorgestellt und erhielt das Prädikat »Bestes Preis-Leistungs-Verhältnis«. Dieser Meinung bin ich ebenfalls. Ich habe aber vor dem Kauf noch einige Fragen, die mein Händler nicht beantworten konnte:

- Ist es möglich, an die Ausgänge des Verstärkers einen Mini-Disc-Player beziehungsweise einen MP3-Player anzuschließen?
- Ich möchte gern auch mit den Komponenten Ihrer Anlage Aufzeichnungen von meinen bereits vorhandenen Tonträgern machen, also auch von Langspielplatten und Musikkassetten.
- Bitte informieren Sie mich auch, ob bestimmte technische Ansprüche an diese Geräte gestellt werden und ob eine generelle Kompatibilität besteht.

Vielen Dank im Voraus für Ihre Auskunft.
Mit freundlichem Gruß
Herbert Muster

Anfrage nach Rabatt Büroausstattung

Sonderkonditionen für Büroausstattung

Sehr geehrter Herr Muster,
für meinen neuen Partyservice, der den Betrieb am 1. August 2003
aufnimmt, benötige ich noch eine hochwertige Büroausstattung.
Insbesondere bin ich an einem Registratursystem und außerdem an
Ihrem Kopierservice interessiert.
Meine Frage: Können Sie mir Sonderkonditionen einräumen, wenn ich
meinen laufenden Büroartikelbedarf ausschließlich bei Ihnen decke?
Für den Anfang würde dieser Auftrag neben den üblichen kompletten
Geschäftspapieren auch die Grundausstattung mit Schreibtischmap-
pen, Papierkörben und Ablagesystemen beinhalten – später käme der
laufende Verbrauch für ein Drei-Personen-Büro hinzu.
Bitte teilen Sie mir mit, welche Lösungen für mich in Frage kommen
und ob Sie meinem Wunsch nach einem Sonderrabatt entsprechen
können. Falls Sie noch Fragen haben, stehe ich zur Beantwortung
gern zur Verfügung – herzlichen Dank für Ihre Bemühungen!
Freundliche Grüße
Manuela Mustermann

Anfrage nach Rabatt für Großverbraucher

Großverbraucher-Bonus

Sehr geehrter Herr Mustermann,
als Hobbyfotograf bin ich nun schon seit über zehn Jahren bei Ihnen
treuer Kunde. Wie Sie wissen, ging ich Anfang dieses Jahres in Pension. Nun kann ich meinem Lieblingshobby endlich viel mehr Zeit
widmen – ein Umstand, den ich wirklich sehr begrüße und der sich
auch in den Summen niederschlägt, die ich in letzter Zeit in Ihrem
Geschäft ausgebe.
Sie werden sicher verstehen, dass ich meine Pensionsbezüge nicht
nur für das Fotografieren verwenden kann, so gern ich das auch
manchmal täte! Ich muss deshalb nach sinnvollen Einsparmöglichkei-
ten für mein teures Hobby suchen. Mit dem Hinweis auf die jetzt
häufiger vorkommenden Käufe bei Ihnen bitte ich Sie deshalb darum,
mir einen Großverbraucher-Bonus einzuräumen.
Ich schlage vor, dass Sie mir bei meinen künftigen Einkäufen und
Entwicklungsaufträgen einen Rabatt von 5 Prozent gewähren, den ich
am Jahresende mit meinen regelmäßigen Materialnachkäufen verrech-

ne. Ich hoffe sehr auf Ihr Einverständnis! Bitte lassen Sie mich wissen, ob Sie meinem Wunsch positiv gegenüberstehen.
Erwartungsvolle und freundliche Grüße
Manfred Muster

Angebot für Telekommunikation

Angebot für eine ISDN-Anlage

Sehr geehrter Herr Muster,
zum 1. August 2003 ziehe ich mit meiner Familie in unser neu gebautes Haus ein. Im Souterrain befindet sich eine Einliegerwohnung, die ich als Büro nutzen werden. Da auch meine Frau freiberuflich tätig ist und für meine beiden Sprösslinge jeweils ein PC im Hause vorhanden ist, suche ich eine leistungsfähige Telefonanlage, an die ich ganz spezielle Ansprüche stelle:

- Die neue Anlage soll mindestens vier – besser sechs – ISDN-Leitungen haben und außerdem die Möglichkeit bieten, unabhängig von der »normalen« Telefonleitung an vier Arbeitsplätzen ins Internet zu kommen.
- Ferner kommt es mir darauf an, dass die Anlage via PC konfiguriert und gewartet werden kann.
- Da ich beabsichtige, für die Internet-Zugänge die neue A-DSL-Technik zu nutzen, sollte die neue Anlage auch für dieses Feature vorbereitet sein.
- Zusätzlich benötige ich vier neue Arbeitsplatztelefone, die programmierbar und für den Konferenzbetrieb geeignet sein sollten.

Bitte unterbreiten Sie mir ein Angebot.
Für Ihre freundlichen Bemühungen sage ich Ihnen herzlichen Dank. Sollten Sie noch Fragen oder Anregungen haben, erreichen Sie mich unter meiner Telefonnummer in der Musterstraße.
Es grüßt Sie freundlich
Michael Muster

Angebot einholen für Aufräumarbeiten

Wasserschaden im Keller

Sehr geehrte Damen und Herren,
durch das Unwetter am 26.02.2003 ist Wasser in meinen Keller eingedrungen und hat alle Vorräte und Gegenstände, die dort lagerten, unbrauchbar gemacht.

Wenn Sie interessiert sind,
- die Aufräumungsarbeiten in meinem Keller auszuführen und
- nach dem Austrocknen den Fußboden und die Wände wieder zu streichen,
- beziehungsweise die Schäden an Fußboden und Wänden zu beheben,

bitte ich um Ihr schriftliches Angebot bis zum 23. März 2003.
Der Keller besteht aus vier Räumen mit insgesamt 60 m^2. Ein Raum dient als Gästezimmer und ist mit Teppichboden ausgelegt. Die Waschküche ist gefliest. Heizungskeller und Vorratsraum wurden vor allem als Abstellkammern genutzt.
Eventuell wird ein Schadensgutachter der Allgemeinen Versicherung mit Ihnen diesbezüglich Kontakt aufnehmen. Ich gehe davon aus, dass die Erstellung Ihres Angebots unverbindlich und kostenlos erfolgt.
Vielen Dank und freundliche Grüße
Peter Muster

Bestellung aufgeben

Bestellung von Hochzeitskarten

Einladungskarten »Hochzeit«, unser Telefonat vom 20.03.2003
Sehr geehrter Herr Mustermann,
vielen Dank für die Übersendung Ihres Katalogs.
Wir haben uns entschieden für
- eine Karte im DIN-lang-Format zum Aufklappen (Nr. 12345),
- das Motiv »Trauringe« in Goldprägung (Motiv-Nr. 678) und
- das altrosé-farbene Papier in Stärke von 300 g/m2 (Artikel-Nr. 910-11)

Bitte schicken Sie uns bis zum 20. April 2003 drei verschiedene Gestaltungsentwürfe und ein schriftliches Angebot über den Druck von 120 Karten mit dazu passenden Umschlägen.
Den Text für die Karte finden Sie als Anlage.
Mit freundlichen Grüßen
Markus Muster

Beschwerden

Beschwerde über Kundendienst

Unfreundlicher und inkompetenter Service
Sehr geehrte Frau Mustermann,
drei Mal habe ich nun schon in Ihrem Kundendienst-Center angerufen, um nachzufragen, wo meine Bücher-Bestellung vom 24.04.2003 bleibt. Ankommen sollte sie laut Vertrag schon vor einer Woche.
Ich kann ja verstehen, dass aufgrund der hohen Nachfrage momentan ein Engpass besteht. Was mich aber wirklich ärgert, ist, dass ich von dreien Ihrer Kundendienst-Mitarbeiter drei verschiedene Ausreden zu hören bekommen habe:
- Mal ist Ihr Computersystem zusammengebrochen.
- Dann ist meine Bestellung unauffindbar.
- Der Gipfel war, als man mir mitteilte, die Lieferung sei bereits vor Tagen erfolgt und ich solle mich nicht aufregen!

Ich würde es sehr begrüßen, wenn Sie diesen nicht sehr kundenfreundlichen Service ändern könnten und außerdem die Bücher nun wirklich liefern.
Mit besten Grüßen
Sybille Muster

Beschwerde über inkompetentes Personal

Unsere verunglückte Hochzeitsfeier am 10. Mai 2003
Sehr geehrter Herr Muster,
Sie und Ihr Personal haben es zu verantworten, dass unsere Hochzeit nicht zu dem erhofften schönen Erlebnis wurde, auf das wir uns so lange gefreut hatten.
Wir haben unsere Verärgerung über Ihr Personal ja bereits Samstagnacht zum Ausdruck gebracht. Heute, vier Tage später, sind wir wütend. Wie kann man ein Restaurant nur mit so unfreundlichem Personal führen? Selbst unsere verträglichsten Bekannten und Verwandten haben sich – vorsichtig ausgedrückt – verwundert über den Service (oder besser: den nicht vorhandenen Service) gezeigt. Da mussten Gäste dreimal darum bitten, dass ihre Gläser nachgefüllt werden, da stießen Kellner ohne Entschuldigung Soßen über Smoking-Hemden, um nur zwei Beispiele zu nennen. Bei all dem wirkte Ihr Personal

ohne Ausnahme so, als ob es zu allem anderen Lust hätte, nur nicht dazu, bei einer Hochzeit die Gäste freundlich zu bedienen.

Wir haben unsere Hochzeit bei Ihnen ausgerichtet, weil uns Ihr Haus von einem guten Freund empfohlen wurde. Da wir dessen Aussage nicht in Zweifel ziehen, fragen wir nun: Was ist in der Zwischenzeit in Ihrem Haus geschehen? Und: Wie stellen Sie sich eine Wiedergutmachung vor? Ich hoffe darauf, dass Sie unsere Verärgerung verstehen, und bitte Sie um eine Stellungnahme.

Für heute grüßt Sie
Kevin Mustermann

Reklamationen

Aufforderung zum Umtausch

Versehen oder Falschlieferung?
Sehr geehrte Frau Mustermann,
heute wurde mir die Wohnzimmercouch, die ich am 19.3.2003 in Ihrem Geschäft gekauft habe, geliefert.

Das Ausstellungsstück, das Sie mir zeigten, ließ sich ausklappen und zu einem Bett umbauen. Da ich mitunter Gäste zur Übernachtung habe, die ich im Wohnzimmer unterbringen möchte, war diese Doppelfunktion für mich ausschlaggebend für den Kauf. Das gelieferte Sofa lässt sich aber nicht ausklappen. Sie werden meine Enttäuschung über diese falsche Lieferung sicher verstehen.

Ich bitte Sie daher zu veranlassen, dass das Sofa kostenlos abgeholt und durch ein Modell, das als Bett nutzbar ist, ersetzt wird. Sollte ein Umtausch nicht möglich sein, teilen Sie mir das bitte umgehend mit. In diesem Fall müsste ich von meinem Wandelungsrecht Gebrauch und den Kauf rückgängig machen.

Ich vertraue jedoch erst einmal darauf, dass Sie diesen Fehler in kürzester Zeit durch Umtausch beheben. Ich benötige das Schlafsofa dringend, spätestens jedoch bis zum 8. Mai 2003. Vielleicht ist die Lieferung ja nur aus Versehen vertauscht worden.

Mit freundlichen Grüßen
Hertha Muster

Schlechte Arbeit

Pflasterung der Auffahrt zu meiner Tischlerei

Sehr geehrter Herr Muster,

Sie haben in der Zeit vom 5. bis 7. April 2003 durch zwei Ihrer Mitarbeiter die Auffahrt zu meiner Tischlerei mit Klinkersteinen pflastern lassen.

Bereits unmittelbar nach Fertigstellung der Arbeiten zeigten sich mehrere Spalten und Unregelmäßigkeiten in der Pflasterung. Möglicherweise wurde der Untergrund vor Aufbringung der Steine nicht ausreichend verdichtet. Die Ausführung der Arbeit ist in der jetzigen Form mangelhaft und wird von mir nicht abgenommen.

Bitte überzeugen Sie sich – falls Sie das wünschen – vor Ort von der Berechtigung meiner Forderung der Nachbesserung. Ich erwarte, dass die Mängel bis zum 21. April 2003 beseitigt sind. Falls diese Frist zu kurz sein sollte, teilen Sie mir bitte den Grund dafür sowie einen realistischen Termin für die endgültige Fertigstellung mit.

Für den Fall nicht fristgerechter Leistung behalte ich mir alle gesetzlichen Gewährleistungsrechte vor.

Mit freundlichen Grüßen

Michel Mustermann

Reklamation eines Geräts

Garantieleistung für Waschmaschine
Rechnung Nr. 123456

Sehr geehrte Frau Muster,

seit einiger Zeit schleudert unsere Waschmaschine nicht mehr richtig. Das Problem ist vor zwei Wochen das erste Mal aufgetreten. Wir haben das Gerät am 04.07.2002 gekauft und es befindet sich damit noch innerhalb der gesetzlichen Garantiefrist von zwei Jahren. Eine Fotokopie der Rechnung liegt bei.

Als fünfköpfige Familie sind wir auf unsere Waschmaschine angewiesen. Bitte veranlassen Sie bis zum 01.05.2003 eine Reparatur oder einen Umtausch des Geräts.

Mit freundlichen Grüßen

Minna Mustermann

Falsche Rechnungsangaben

Ihre Rechnung über zahnärztliche Leistungen
Sehr geehrte Frau Dr. Mustermann,
in Ihrer Rechnung vom 04. Februar 2003 über zahnärztliche Leistungen finden sich mehrere Rechnungspositionen, die ich in dieser Form nicht akzeptieren kann. Ich werde aus diesem Grund auch meine Krankenkasse nicht um die Erstattung der Rechnung bitten.
Es handelt sich um folgende Positionen:
- (01)   07.01.2003   Eingehende Beratung (ggf. fernmündlich)
- Diese Beratung hat nicht stattgefunden. Tatsächlich habe ich an diesem Tag mit Ihrer Assistentin telefoniert, um den Behandlungstermin am 10.01.2003 zu bestätigen.
- (06)   10.01.2003   Intraorale Leitungsanästhesie
  (07)   10.01.2003   Anästhesiemedikament
Ich habe bei dieser Behandlung keine Betäubung erhalten.
Bitte korrigieren Sie die Rechnung in den genannten Positionen.
Mit freundlichen Grüßen
Dr. Max Muster

Falsche Preisangabe

Einschreiben
Kaufvertrag *(oder Bestellschein)* vom 22.04.2003
Rechnung Nr. 123456
Ihr Zeichen XXYY
Sehr geehrte Damen und Herren,
der auf der Rechnung Nummer 123456 angegebene Preis entspricht nicht unserer Vereinbarung, wie Sie dem Bestellschein entnehmen können. Ich nehme an, dass es sich um einen Fehler handelt. Ich schulde Ihnen nur die niedrigere der beiden Summen.
(Oder: Ich bitte Sie daher, die Lieferung zum vereinbarten Preis von ... € vorzunehmen.)
Mit freundlichen Grüßen
Thomas Muster

Reklamation von Handwerksschaden

Schäden an der Tapete – Mahnschreiben vom 27.08.2003
Sehr geehrter Herr Muster,
ich beziehe mich auf meine Beschwerde vom 27. August 2003.
Ich hatte Sie aufgefordert, die durch Ihre Handwerksarbeiten am
25. August verursachten Schäden an meiner Wohnzimmertapete auszubessern.
Bedauerlicherweise haben Sie nicht auf mein Schreiben reagiert. Ich
fordere Sie auf, die Schäden bis zum 15. September 2003 zu beheben. Ansonsten sehe ich mich gezwungen, rechtliche Schritte gegen Sie einzuleiten.
Mit freundlichen Grüßen
Peter Mustermann

Mahnung mit Fristsetzung

Bitte schicken Sie solche Briefe immer als **Einschreiben mit
Rückschein!** Sie haben damit die Gewähr in Händen, dass der
Empfänger Ihr Schreiben erhalten hat. Den Rückschein nehmen
Sie zu Ihren Unterlagen, damit Sie bei einer gerichtlichen Auseinandersetzung Beweise in Händen haben.

Mahnung bei verspäteter Lieferung – Fristsetzung

Hinweis: Für dieses Schreiben enthält der Bestellschein einen festen Liefertermin oder eine feste Lieferfrist.
Kaufvertrag *(oder Bestellschein)* vom 23.04.2003
Ihr Zeichen XXYY
Sehr geehrte Damen und Herren,
am 23.04.2003 habe ich ein(e/n) ... bei Ihnen gekauft. Im Vertrag
(auf dem Bestellschein) war eine feste Lieferfrist von ... Tagen/Wochen *(als fester Liefertermin der ...)* angegeben.
Da die Lieferung bis zum heutigen Tag nicht erfolgt ist, sehe ich
mich gezwungen, Sie hiermit in Anwendung der zwischen uns vereinbarten Lieferbedingungen zur Lieferung innerhalb von acht Tagen
(oder: 14 Tagen) aufzufordern.

Außerdem behalte ich mir ausdrücklich das Recht auf Entschädigung vor, das sich aus einer weiteren Verspätung der Lieferung und dem dadurch entstandenen Nutzungsausfall ergeben könnte.

Ich bitte Sie in jedem Fall, dieser Aufforderung unverzüglich nachzukommen. Sollte ich innerhalb von acht *(14)* Tagen keine Antwort von Ihnen erhalten haben, sehe ich dies als Einverständnis zu einer Entschädigung an. Alle weiteren Rechte behalte ich mir vor.

Mit freundlichen Grüßen
Michael Muster

Mahnung bei verspäteter Lieferung – unverzügliche Lieferung

Kaufvertrag Nr. 12345 vom 01.06.2003
Sehr geehrte Damen und Herren,
am 01.06.2003 habe ich ein(e/n) ... bei Ihnen gekauft. Im Vertrag *(auf dem Bestellschein)* war eine Lieferfrist von drei Wochen *(als fester Liefertermin der ...)* angegeben. Da die Lieferung bis zum heutigen Tag nicht erfolgt ist, fordere ich Sie hiermit auf, mir die gekaufte Ware unverzüglich zu liefern. Bitte teilen Sie mir innerhalb von zwei Tagen telefonisch einen genauen Liefertermin mit.

Außerdem behalte ich mir ausdrücklich das Recht auf Schadensersatz vor, das sich aus einer weiteren Verspätung der Lieferung und dem dadurch entstandenen Nutzungsausfall ergeben könnte.

Mit freundlichen Grüßen
Manfred Mustermann

Mahnung bei verspäteter Lieferung – kein Liefertermin

Kaufvertrag *(oder Bestellschein)* vom 12.05.2003
Ihr Zeichen XXYY
Sehr geehrte Damen und Herren,
am 12. Mai 2003 habe ich ein(e/n) ... bei Ihnen gekauft. Der Kaufvertrag enthielt weder einen Liefertermin noch eine Lieferfrist. Demnach müssen Sie die Ware laut Gesetz sofort oder innerhalb einer angemessenen, handelsüblichen Frist liefern.

Hiermit mahne ich Sie an, die gekaufte Ware unverzüglich zu liefern. Außerdem behalte ich mir ausdrücklich das Recht auf Entschädigung

vor, das sich aus einer erneuten Verspätung der Lieferung und dem dadurch entstandenen Nutzungsausfall ergeben könnte. Ich bitte Sie, dieser Aufforderung unverzüglich nachzukommen. Sollte ich innerhalb von acht Tagen keine Antwort von Ihnen erhalten haben, sehe ich dies als Einverständnis zum Vorstehenden an. Alle weiteren Rechte behalte ich mir vor.
Mit freundlichen Grüßen
Herbert Muster

Mahnung bei unsachgemäßer Lieferung – Annahmeverweigerung

Kaufvertrag *(oder Bestellschein)* **vom 22.03.2003**
Sehr geehrte Damen und Herren,
am 22. März 2003 habe ich ein(e/n) ... bei Ihnen gekauft.
Wie Sie wissen, habe ich am 28.03.2003 die Annahme der Ware (sowie die Unterzeichnung des Lieferscheins) verweigert. Dies geschah aus folgenden Gründen:

▧ *Es folgt eine eingehende Aufstellung des Sachverhaltes und der Mängel*

Hiermit fordere ich Sie auf, die Lieferung innerhalb von 14 Tagen gemäß der Bestellung auszuführen. Dies geschieht unter Vorbehalt all meiner Rechte, insbesondere mein Recht auf Entschädigung für den Nutzungsausfall.
Mit freundlichen Grüßen
Peter Mustermann

Mahnung bei unsachgemäßer Lieferung – Annahme unter Vorbehalt

Hinweis: Dieser Brief empfiehlt sich, wenn Sie die Waren unter Vorbehalt (dass sie repariert, ersetzt oder vervollständigt werden) angenommen haben.

Kaufvertrag *(oder Bestellschein)* **vom 06.07.2003**
Sehr geehrte Damen und Herren,
am 06.07.2003 habe ich ein(e/n) ... bei Ihnen gekauft.
Wie Sie wissen, habe ich die Lieferung am ... angenommen, unter der Bedingung, dass

▧ *eingehende Aufstellung des Sachverhaltes und der Mängel*

festgestellt werden.

Daher bitte ich Sie, die erforderlichen Reparaturen innerhalb von 8 Tagen vorzunehmen (die Ware zu ersetzen oder die restliche Ware zu liefern). Dieses Schreiben ist als Mahnung zu betrachten. Alle weiteren Rechte, insbesondere das Recht auf Schadensersatz, behalte ich mir vor.
Mit freundlichen Grüßen
Anna Muster

Mahnung bei unsachgemäßer Lieferung – Annahme ohne Vorbehalt

Kaufvertrag *(oder Bestellschein)* vom 13.05.2003
Sehr geehrte Damen und Herren,
am 13. Mai 2003 habe ich ein(e/n) ... bei Ihnen gekauft.
Wie Sie wissen, erfolgte die Lieferung am ... Allerdings hat sich inzwischen herausgestellt, dass die Lieferung nicht der Bestellung entspricht und zwar aus folgenden Gründen:
▧ *eingehende Darstellung des Sachverhaltes und der Mängel*
Daher bitte ich Sie, die erforderlichen Reparaturen innerhalb von 14 Tagen vorzunehmen *(die Ware zu ersetzen oder die restliche Ware zu liefern).*
Dieses Schreiben ist als Mahnung zu betrachten. Alle weiteren Rechte, insbesondere das Recht auf Schadensersatz, behalte ich mir vor.
Mit freundlichen Grüßen
Ernst Mustermann

Mahnung einer Lieferung, die anbezahlt wurde

Bestellnr. 63749/89203 vom 20.10.2003
Sehr geehrte/r Frau/Herr Muster,
am 20.10.2003 habe ich bei Ihnen unter obiger Bestellnummer eine neue Sitzgarnitur bestellt. Zusammen mit der Bestellung habe ich auf Ihren Wunsch hin eine Anzahlung in Höhe von 500 Euro geleistet. Mittlerweile ist die damals von Ihnen genannte Lieferzeit von drei Wochen um das Doppelte überschritten.
Hiermit räume ich Ihnen eine Lieferfrist von weiteren zwei Wochen ein. Sollte die Sitzgarnitur bis zum 28.12.2003 nicht an mich ausgeliefert sein, trete ich vom Kauf zurück und verlange die Rückerstattung meiner Anzahlung.
Mit freundlichen Grüßen
Erna Muster

Mängelanzeige

Mängelanzeige – Verborgene Mängel, Reparatur

Hinweis: Dieser Brief empfiehlt sich, wenn eine Reparatur möglich scheint. Das Schreiben geht an den Verkäufer und eine Kopie an den Hersteller oder Importeur.

Kaufvertrag *(oder Bestellschein)* **vom 13.06.2003**
Ihr Zeichen XXYY

Sehr geehrte Damen und Herren,
am 13.06.2003 habe ich ein(e/n) … bei Ihnen gekauft. Inzwischen weist diese(r/s) folgende(n) Mangel/Mängel auf:

■ *eingehende Beschreibung des Mangels*

Es handelt sich eindeutig um einen verborgenen Mangel, für den Sie haften. Hiermit fordere ich Sie dazu auf, die Ware im Rahmen der vertraglichen Garantieklausel *(in Übereinstimmung mit den gesetzlichen Bestimmungen)* so schnell wie möglich zu ersetzen (oder zu reparieren) und zwar kostenlos.

Der Hersteller erhält ebenfalls eine Kopie dieses Schreibens. Ich behalte mir selbstverständlich das Recht vor, Schadensersatz für den Nutzungsausfall oder zusätzliche Mängel zu verlangen, die sich aus der Benutzung der fehlerhaften Ware ergeben könnten sowie das Recht, den Vertrag aufzulösen, wenn die Reparatur (oder die Ersatzlieferung) nicht durchgeführt wird oder mit Verspätung oder mangelhaft erfolgt.

In Erwartung Ihrer Stellungnahme bis zum 27.06.2003 verbleibe ich mit freundlichen Grüßen

Peter Mustermann

Mängelanzeige – Verborgene Mängel, Preisminderung

Hinweis: Diesen Brief schicken Sie, wenn der erlittene Schaden Ihrer Ansicht nach durch eine Preisminderung ausgeglichen werden kann. Sie schicken den folgenden Brief an den Verkäufer und eine Kopie an den Hersteller oder Importeur.

Kaufvertrag *(oder Bestellschein)* **vom 13.06.2003**
Ihr Zeichen XXYY

Sehr geehrte Damen und Herren,
am 13. Juli 2003 habe ich ein(e/n) … bei Ihnen gekauft.
Inzwischen weist diese(r/s) folgende/n Mangel/Mängel auf:

■ *eingehende Beschreibung des Mangels*

Es handelt sich eindeutig um einen verborgenen Mangel, für den Sie haften. Mit dieser Mahnung fordere ich Sie dazu auf, mir im Rahmen der vertraglichen Garantieklausel *(gemäß den geltenden gesetzlichen Bestimmungen)* einen Teil des gezahlten Kaufpreises und zwar ... € durch Überweisung auf das Konto Nummer ... von ... (oder an ...) zurückzuerstatten.

Der Hersteller erhält ebenfalls eine Kopie dieses Schreibens. Ich behalte mir selbstverständlich das Recht auf weiteren Schadensersatz und die Auflösung des Kaufvertrages vor, wenn die beantragte Preisminderung nicht innerhalb von 14 Tagen gezahlt wird.

In der Überzeugung, dass Sie meinen Vorschlag einer Preisminderung annehmen werden, verbleibe ich

mit freundlichen Grüßen

Thomas Mustermann

Mängelanzeige und Nachbesserungsverlangen

Hinweis: Diesen Brief schreiben Sie, wenn die gekaufte Ware einen Mangel aufweist. Sie teilen das dem Verkäufer mit und verlangen kostenlose Nachbesserung.

Kaufvertrag Nr. 1234 vom 03.03.2003

Sehr geehrte Damen und Herren,

am 3. März 2003 habe ich bei Ihnen einen Computer nebst Software gekauft. Bei der Anwendung sind diverse Mängel aufgetreten. Im Einzelnen handelt es sich um Folgendes:

- *eingehende Darstellung des Sachverhaltes und der Mängel Beispiele:*
  - *Die Tastatur klappert sehr laut.*
  - *Der Bildschirm flackert und zeigt an einigen Stellen dunkle Punkte. Insgesamt ist das Bild recht unscharf.*
  - *Der Computer stürzt oft vollkommen ab. Dabei geht der bis dahin geschriebene Text verloren. An welcher Stelle der Fehler genau auftritt, können Sie dem beigefügten Fehlerprotokoll entnehmen.*

Ich bitte Sie, die Anlage bei mir abzuholen und die Mängel möglichst bald zu beheben. Zwecks Vereinbarung eines Termins sollten Sie mich kurz anrufen. Schon jetzt möchte ich darauf hinweisen, dass Sie gesetzlich dazu verpflichtet sind, alle Kosten der Nachbesserung zu übernehmen.

Mit freundlichen Grüßen

Manuel Mustermann

Musterbrief an den Hersteller oder Importeur

Wenn Sie eine Ware reklamieren, die nicht in Deutschland hergestellt wurde, empfiehlt es sich, neben dem Reklamationsbrief an den Verkäufer auch den Hersteller oder Importeur des Produkts anzuschreiben. Das nachfolgende Schreiben ist das Muster einer solchen Briefs. Hersteller oder Importeur erhalten gleichzeitig eine Kopie des Briefes, den Sie an den Verkäufer gerichtet haben.

Einschreiben mit Rückschein

Kaufvertrag *(oder Bestellschein)* vom 23.08.2003
Ihr Zeichen XXYY
Sehr geehrte Damen und Herren,
beiliegend übersende ich Ihnen eine Abschrift des eingeschriebenen Briefes, den ich an *Name und Anschrift des Verkäufers* geschickt habe.
Da der betreffende Mangel auf einen Material- oder Herstellungsfehler zurückzuführen ist, möchte ich Ihnen gegenüber die gleichen Rechte geltend machen wie gegenüber dem Verkäufer. Hiermit fordere ich Sie daher auf, Ihren Verpflichtungen nachzukommen.
Mit freundlichen Grüßen
Elsbeth Mustermann

Fristen setzen

Aufforderung zum Verzicht auf Verjährung

Hinweis: Auch diese Musterbriefe schicken Sie zu Ihrer eigenen Sicherheit per Einschreiben mit Rückschein (am besten per Fax vorab).
Kaufvertrag Nr. 12345 vom 22. Januar 2002
Sehr geehrte Damen und Herren,
am 22.02.2002 habe ich bei Ihnen einen Computer nebst Software gekauft. Erst jetzt hat sich bei der Anwendung folgender Mangel herausgestellt:

■ *kurze Schilderung*

Am 25.05.2002 war ich in Ihrer Filiale und wollte den Computer zur Reparatur abgeben. Ihre Mitarbeiter haben jedoch mit der Behauptung, es liege kein Mangel vor, die Annahme verweigert. Ich gehe nach wie vor von einem Mangel aus und möchte die Angelegenheit noch einmal prüfen lassen. Damit dies in Ruhe geschehen kann, bitte ich Sie darum, mir umgehend schriftlich zu bestätigen, dass Sie sich nicht auf eine etwaige Verjährung berufen werden.

Sollte mir Ihre Erklärung nicht bis zum 13.04.2003 vorliegen, sehe ich mich gezwungen, zur Unterbrechung der Verjährung Klage zu erheben. Ich hoffe jedoch, dass wir uns außergerichtlich einigen werden.

Mit freundlichen Grüßen
Tom Muster

Mängelrüge mit der Aufforderung zur Beseitigung

Ihre Lieferung mit Rechnung 123 456 vom 18.09.2003
Sehr geehrte Damen und Herren,
nach Anschluss des Computers, den ich gestern bei Ihnen gekauft habe, musste ich feststellen, dass sowohl das Modem als auch der Joystick nicht funktionieren. Die anderen Komponenten ließen sich jedoch in Betrieb setzen.

Unter Bezugnahme auf Ihre Allgemeinen Geschäftsbedingungen fordere ich Sie hiermit auf, diesen Mangel bis spätestens 26.09.2003 zu beseitigen.

Mit freundlichen Grüßen
Manuel Mustermann

Mängel bei Malerarbeiten

Malerarbeiten in meinem Haus am 6. und 7. August 2003
Sehr geehrter Herr Muster,
bei gründlicher Begutachtung der Malerarbeiten, die Sie in meinem Haus vorgenommen haben, musste ich gegenüber dem Kostenvoranschlag und unseren Absprachen die folgenden Mängel feststellen:

- Die Holzleisten in der Vorratskammer sind noch nicht lackiert worden.
- Die Türen zur Küche und zur Vorratskammer zeigen auffallende Pinselspuren.

Ich bitte Sie, diese Mängel umgehend, spätestens aber bis 22.08.2003 zu beseitigen. Bitte rufen Sie mich wegen einer Terminabsprache an.
Mit freundlichen Grüßen
Peer Muster

Fristsetzung/Ablehnungsandrohung

Kaufvertrag Nr. 12345 vom 09.09.2003
Sehr geehrte Damen und Herren,
am 9. September 2003 habe ich ein(e/n) ... bei Ihnen gekauft. Im Vertrag *(auf dem Bestellschein)* war eine Lieferfrist von zwei Wochen *(als fester Liefertermin der ...)* angegeben. Da die Lieferung bis zum heutigen Tag nicht erfolgt ist, fordere ich Sie hiermit auf, mir die gekaufte Ware bis spätestens zum 30.09.2003 zu liefern.
Sollte die Lieferung nicht bis zum genannten Termin erfolgen, bin ich nicht mehr bereit, die bestellte Ware abzunehmen. Ich werde dann vom Vertrag zurücktreten oder Schadensersatz geltend machen.
Mit freundlichen Grüßen
Monika Mustermann

Nachfristsetzung/Ablehnungsandrohung

Hinweis: Diesen Brief können Sie schreiben, wenn der Händler das defekte Gerät nicht in angemessener Zeit repariert. Sie setzen eine Frist und lehnen weitere Reparaturversuche ab.
Kaufvertrag Nr. 12345 vom 05.04.2003
Sehr geehrte Damen und Herren,
am 08.09.2003 hatte ich meinen Computer zur Reparatur in Ihrer Filiale abgegeben, weil
■ *Grund für die Reklamation kurz angeben*
Ihre Mitarbeiterin, Frau Muster, hatte mir zugesagt, dass die Reparatur bis spätestens 15.09.2003 *(innerhalb von zwei Wochen)* erfolgen würde. Als ich den Computer am 16.09.2003 bei Ihnen abholen wollte, wurde mir gesagt, dass das Gerät noch in der Werkstatt sei (dass Sie zurzeit sehr viel zu tun hätten) und dass ich in der nächsten Woche noch einmal nachfragen solle.

Da die zumutbare Reparaturfrist abgelaufen ist und ich den Computer aus beruflichen Gründen dringend benötige, fordere ich Sie auf, die Reparatur bis spätestens zum 30.09.2003 durchzuführen. Bitte teilen Sie mir umgehend telefonisch mit, wann ich das Gerät wieder abholen kann.

Sollte die Reparatur nicht bis zu dem genannten Termin erfolgen, bin ich nicht mehr bereit, länger zu warten. Ich lehne jetzt schon weitere Reparaturversuche ab und werde dann von meinen weitergehenden Rechten Gebrauch machen.

Mit freundlichen Grüßen
Elisabeth Mustermann

Nachlieferung eines Handbuches

Kaufvertrag Nr. 12345 vom 06.07.2003
Sehr geehrte Damen und Herren,
am 06.07.2003 habe ich bei Ihnen einen Computer nebst Software gekauft. Als ich die Originalverpackung zu Hause öffnete, musste ich leider feststellen, dass ein Handbuch für den Computer fehlt. Ich kann den PC daher nicht in Betrieb nehmen.

Außerdem liegt eine Bedienungsanleitung für das Schreibprogramm, welches ebenfalls zum Lieferumfang gehört, nur in englischer Sprache bei. Damit ist es mir jedoch nicht möglich, das Programm zu nutzen.

Da zu jeder Hardware beziehungsweise Software eine verständliche Dokumentation gehört, fordere ich Sie auf, mir diese umgehend zur Verfügung zu stellen.

Mit freundlichen Grüßen
Petra Mustermann

Wandelung

Erklärung der Wandelung

Kaufvertrag Nr. 12345 vom 04.04.2003
Sehr geehrte Damen und Herren,
am 4. April 2003 habe ich bei Ihnen einen Computer nebst Software gekauft. Wegen verschiedener Mängel hatte ich den Computer am 23.04.2003 zur Reparatur in Ihrer Filiale abgegeben.

- Obwohl ich Ihnen eine letzte Frist bis zum 15.05.2003 gesetzt hatte, ist die Reparatur bis heute nicht erfolgt.

(Leider ist es Ihnen trotz mehrfacher Reparatur nicht gelungen, die aufgetretenen Mängel zu beheben.)

- Weitere Reparaturversuche sind mir nicht mehr zumutbar.

Ich erkläre daher hiermit die Wandelung und fordere Sie auf, mir den Kaufpreis in Höhe von € 1.489,– zurückzuzahlen. Den defekten Computer stelle ich Ihnen zur Verfügung. Bitte rufen Sie mich umgehend an, damit wir die Einzelheiten der Rückabwicklung des Vertrages besprechen können.

Mit freundlichen Grüßen
Manuela Muster

Abwehr von Entschädigungsansprüchen des Verkäufers nach erklärter Wandelung

Hinweis: Diesen Brief schreiben Sie, wenn der Verkäufer nach der Rücknahme der defekten Ware eine Entschädigung für die Zeit der Nutzung verlangt. Sie sind mit der Berechnung nicht einverstanden.

Kaufvertrag Nr. 12345 vom 13.04.2003

Sehr geehrte Damen und Herren,

am 13.09.2003 habe ich die Wandelung des Kaufvertrages erklärt. Sie verlangen nun von mir eine Entschädigung für die Zeit, in der ich den Computer genutzt habe.

Nach meiner Information ist schon fraglich, ob Sie überhaupt einen solchen Anspruch haben. Unabhängig davon bin ich jedoch bereit, eine angemessene Nutzungsentschädigung zu zahlen. Dabei ist jedoch zu berücksichtigen, dass ich auf Grund der vorhandenen Mängel den Computer nicht in vollem Umfang und nicht während der gesamten Zeit ab dem Kauf nutzen konnte. Ich lege daher nur einen Zeitraum von drei Monaten zugrunde und bitte darum, die Höhe der Nutzungsentschädigung noch einmal zu überprüfen. Außerdem darf die Nutzungsentschädigung nur nach einer bestimmten Methode berechnet werden, wie der Bundesgerichtshof schon festgestellt hat. Danach beträgt der anzurechnende Betrag

$$\frac{\text{Kaufpreis in Euro} \times \text{Nutzungsdauer in Monaten}}{\text{Geschätzte Lebensdauer des Computers in Monaten}}$$

= Höhe der Nutzungsentschädigung in Euro

Mit freundlichen Grüßen
Manuel Muster

Vertrag auflösen

Vertragsauflösung – Verborgene Mängel

Hinweis: Bei diesem Brief erscheint die Reparatur oder der Ersatz weder möglich noch wünschenswert. Sie möchten den Vertrag auflösen. Das bedeutet: Ware und Kaufpreis werden zurückerstattet. Das Schreiben geht an den Verkäufer und eine Kopie an den Hersteller oder Importeur.

Kaufvertrag *(oder Bestellschein)* **vom 06.08.2003**
Ihr Zeichen XXYY
Sehr geehrte Damen und Herren,
am 6. August 2003 habe ich ein(e/n) ... bei Ihnen gekauft.
Inzwischen weist diese(r/s) folgende/n Mangel/Mängel auf:

▪ *eingehende Beschreibung der/s Mangels/Mängel*

Es handelt sich eindeutig um einen verborgenen Mangel, für den Sie haften. Da der Mangel sich nicht reparieren lässt oder eine Ersatzlieferung ausschließt, fordere ich Sie mit dieser Mahnung auf, zur Kenntnis zu nehmen, dass ich den Vertrag im Rahmen der vereinbarten Garantieklausel *(auf Grundlage der gesetzlichen Bestimmungen)* auflösen möchte.
Der Hersteller erhält ebenfalls eine Kopie dieses Schreibens.
Ich fordere Sie auf, die bereits bezahlte Summe auf mein Konto Nummer 1234567 bei der Musterbank, BLZ 111111111 zu überweisen.
Ich werde Ihnen die Ware bei oder nach dieser Rückerstattung zurückgeben. Alle weiteren Rechte behalte ich mir vor.
Mit freundlichen Grüßen
Markus Mustermann

Auflösung eines Vertrages – Rücktrittsrecht

Hinweis: Ist der Vertragsabschluss außerhalb der Geschäftsräume, also zum Beispiel bei Ihnen zu Hause, bei einer Privatperson zu Hause oder an einem öffentlichen Ort erfolgt und sind noch keine 7 Tage vergangen, haben Sie ein gesetzliches zugesichertes Rücktrittsrecht. Der Vertrag muss diese gesetzliche Rücktrittsklausel enthalten, ansonsten kann seine Nichtigkeit jederzeit angeführt werden.

Kaufvertrag *(oder Bestellschein)* **vom 08.09.2003**
Ihr Zeichen XXYY

Sehr geehrte Damen und Herren,
am 8. September 2003 habe ich eine(e/n) ... bei Ihnen bestellt.
Da seit diesem Datum noch keine 7 Tage vergangen sind und der Vertrag nicht in Ihren Geschäftsräumen unterschrieben wurde, erlaube ich mir, den besagten Vertrag für null und nichtig zu erklären.
Mit freundlichen Grüßen
Manuela Muster

Abwehr von Allgemeinen Geschäftsbedingungen

Hinweis: Diesen Brief schreiben Sie, wenn der Verkäufer sich auf seine Allgemeinen Geschäftsbedingungen beruft. Diese waren jedoch nicht Vertragsbestandteil.

Kaufvertrag Nr. 12345 vom 28.09.2003

Sehr geehrte Damen und Herren,
am 28. September 2003 habe ich bei Ihnen einen Computer-Monitor gekauft. Wie ich Ihnen bereits mitgeteilt habe, treten bei der Anwendung diverse Mängel auf. Ich hatte Sie daher darum gebeten, den Monitor zurückzunehmen und mir den Kaufpreis zu erstatten. Leider haben Sie dies mit der Begründung abgelehnt, ich sei nach Ziffer 5.1. Ihrer Verkaufs- und Lieferbedingungen zunächst dazu verpflichtet, eine Reparatur in Kauf zu nehmen.
Auf Ihre Allgemeinen Geschäftsbedingungen (AGB) können Sie sich aber nicht berufen, da diese nicht Bestandteil des Vertrages geworden sind. Bei Abschluss des Vertrages in Ihrer Filiale haben Sie mir die AGB nicht vorgelegt. Vielmehr wurden mir diese erst mit der Rechnung übersandt. Angeblich haben die Geschäftsbedingungen in Ihrer Filiale ausgehangen. Das reicht aber nach dem Gesetz nicht aus. Sie hätten mich vielmehr bei Vertragsabschluss ausdrücklich auf die Geltung der Bedingungen hinweisen müssen und mir Gelegenheit geben müssen, die Bedingungen in Ruhe zu lesen.
Da also Ihre Geschäftsbedingungen in meinem Fall nicht gelten, bestehe ich weiter auf meinem gesetzlichen Recht und fordere Sie auf, mir den Kaufpreis zurückzuzahlen. Ihrer Bestätigung sehe ich entgegen.
Mit freundlichen Grüßen
Peter Mustermann

Leserbriefe

Wer seine Meinung in einem Leserbrief öffentlich kundtut, muss damit rechnen, dass er auf seine Äußerungen angesprochen wird, dass sich vielleicht sogar im Leserforum der Zeitung oder Zeitschrift eine Diskussion über den Beitrag entwickelt. Leserbriefe kann man durchaus als Stimmungsbarometer bezeichnen – wenn Sie zum Beispiel nicht unbeteiligt an der öffentlichen Meinungsbildung sein wollen, weil Sie mit der Kommunalpolitik nicht einverstanden sind. In der Zeitung machen Sie außerdem wirkungsvoll auf Missstände aufmerksam.

Darauf sollten Sie achten:

- Leserbriefe werden fast immer gekürzt.
- Formulieren Sie Ihr Thema deshalb präzise.
- Das Wichtigste kommt zuerst.
- Bleiben Sie sachlich, argumentieren Sie mit Fakten.

Leserbrief – Eingehen auf den Inhalt eines Artikels

Artikel »Neues Delphinarium«
Sehr geehrte Damen und Herren,
in Ihrem Bericht anlässlich der Eröffnung des Delphinariums im Musterstädter Zoo geben Sie völlig unreflektiert die schönfärberischen Aussprüche des Zooleiters wieder. Er behauptet gegen alle Erkenntnisse von renommierten Tierschützern, das neue Delphinarium sei besonders tierfreundlich und die Delfine könnten in dieser Umgebung ein hohes Alter erreichen.
Fakt ist aber, dass kein Tier in Gefangenschaft wirklich artgerecht gehalten werden kann. Außerdem sterben 40 Prozent der für die Delfinarien bestimmten Tiere schon beim Fang und auf dem Transportweg. Unsinnig ist auch, wissenschaftliche Erkenntnisse über diese sensiblen Tiere sammeln zu wollen, da sie sich in Gefangenschaft nur so natürlich verhalten können wie Einrad fahrende Tanzbären …
Ich bin erstaunt, dass Ihr renommiertes Blatt einen so einseitigen und naiven Artikel abdruckt!
Mit freundlichen Grüßen
Petra Mustermann

Leserbrief – Anstoß zu einer Diskussion

Artikel »Kündigungen bei Kerzenschein« vom 27.6.2003
Sehr geehrte Damen und Herren,
Ihr Redakteur Manfred Muster schreibt in dem o. g. Artikel einen recht
witzigen Text zu den Entlassungen in der Region. Gut gebrüllt, Löwe!
Aber zum falschen Anlass. Denn dem Thema kann ich keinen Witz ab-
gewinnen. Im Gegenteil. Ich finde es eher traurig, dass dem in Kon-
kurs gegangenen Unternehmen der Strom abgestellt wurde und die
Menschen, die Familien zu versorgen haben, nun nicht mehr in Lohn
und Brot stehen.
Ich würde mir mehr Feingefühl und eine objektivere Berichterstattung
bei solch heiklen Themen wünschen!
Mit freundlichen Grüßen
Hanswalter Mustermann

Leserbrief – Hinweis auf stilistische Fehler

Stilistische Fehler im Musterdorfer Journal
Sehr geehrte Damen und Herren,
seit vielen Jahren bin ich nun schon treuer Leser des Musterdorfer
Journals. Nie hatte ich einen Grund zu klagen, waren die Artikel doch
stets gewissenhaft recherchiert. Jedoch habe ich in letzter Zeit einen
Qualitätsverlust hinsichtlich Stil und Wortwahl bemerken müssen.
Natürlich weiß auch ich, dass es in der Hektik des alltäglichen Ge-
schäfts nicht immer möglich ist, jeden Fehler auszumerzen.
Für die Zukunft würde ich mir wünschen, dass Sie wieder verstärkt
auf Ihren Stil achten, damit Ihre Zeitung wieder zu alter Klasse
zurückfindet.
Ich hoffe, dass Sie meine Bemerkung nicht allzu negativ aufgefasst
haben, und verbleibe
mit freundlichen Grüßen
Martin Muster

Leserbrief – Hinweis auf sachlichen Fehler

Ausgabe vom 13.02.2003, Seite 2
Sehr geehrte Damen und Herren von der Redaktion,
seit vielen Jahren lese ich Ihre Zeitung regelmäßig und bin normalerweise sehr zufrieden – die Artikel sind informativ, knapp und objektiv

geschrieben, das Layout ist ansprechend und übersichtlich. Als ich vor einiger Zeit einen Lapsus bei einer Bildunterschrift bemerkte, dachte ich daher auch nur »was soll's, sie haben keine Zeit für Korrekturen gehabt«. Der Fehler hat sich jedoch in der letzten Ausgabe (siehe oben) wiederholt: Zu dem Foto auf Seite 21 texten Sie: »... der dynamische Schwung der Golden Gate Bridge«. Es handelt sich bei dem abgebildeten Bauwerk jedoch um die Bay Bridge, die zwar nahe gelegene, aber deutlich anders aussehende Schwesterbrücke, die von San Francisco nach Oakland führt.

Ich hoffe, Sie nehmen mir diese Schulmeisterei nicht übel, aber als eingefleischter USA-Fan konnte ich diese Fehlinformation einfach nicht auf sich beruhen lassen. Ich bitte Sie daher, die Bildunterschrift in Ihrem Archiv für zukünftige Verwendung zu korrigieren, und verbleibe

mit freundlichen Grüßen

Marie Mustermann

Kapitel 4:

Musterbriefe in Sachen Urlaub und Freizeit

Normalerweise werden Sie sich vor einer Urlaubsreise – vor allem wenn es in weiter entfernte Länder geht – im Reisebüro beraten lassen. Das Reisebüro wird auch die Buchung der Unterkunft vornehmen. Sie haben dann nicht mehr viel zu tun – außer Ihre Reiseunterlagen abzuholen.

Etwas anderes ist es, wenn Sie die Buchung von Hotel- oder Pensionszimmer selbst vornehmen: etwa, weil Sie das Haus bereits kennen, weil Sie einen guten Tipp bekommen haben oder weil Sie Ihre Reise gern »auf eigene Faust« organisieren. Wenn Sie ein Hotelzimmer direkt reservieren, können Sie dies telefonisch, per Brief, Fax oder E-Mail tun. Diese Angaben sind wichtig, damit alles reibungslos klappt:

- Ihr vollständiger Name samt Adresse,
- der Zeitraum des Aufenthalts,
- die Art des Zimmers (Einzel- oder Doppelzimmer? Appartement oder Suite? Raucher- oder Nichtraucherzimmer? Spezielle Allergikerzimmer?),
- die Verpflegung (nur Übernachtung, Übernachtung mit Frühstück, Halb- oder Vollpension).

Bei der direkten Buchung in einem Hotel lassen Sie sich die Reservierung schriftlich bestätigen. Das geht per Brief, Fax oder E-Mail. Auf jeden Fall sollten Sie etwas Schriftliches vorliegen haben. Geben Sie bekannt, wann Sie ankommen – zumindest den ungefähren Zeitrahmen. In vielen Hotels – vor allem bei Städtereisen sollten Sie dies beachten! – ist es üblich, das Zimmer an einen anderen Gast weiterzuvermieten, wenn Sie nicht bis 18 Uhr eingetroffen sind und man nichts von Ihnen gehört hat.

Sollten Sie Ihre Reise aus irgendeinem Grund nicht antreten können, müssen Sie dem Reiseveranstalter/Reisebüro beziehungsweise dem Hotel rechtzeitig Bescheid geben. Sonst können erhebliche Kosten auf Sie zukommen. Bei der Buchung im Reisebüro ist es so: Wenn Sie eine Reise nicht antreten, müssen Sie – so Sie keine Reiserücktrittsversicherung haben – auch für die nicht angetretene Reise bezahlen. Je nach Zeitpunkt werden bestimmte Prozentsätze fällig, die umso höher werden, je näher der Reisetermin gerückt ist. In Hotels ist es ähnlich: Viele Häuser verlangen vorab ein so genanntes »deposit«. Das ist nichts anderes als eine Vorauszahlung, die dann mit den Aufenthaltskosten verrechnet wird, wenn Sie Ihre Endrechnung bezahlen. Treten Sie Ihren Aufenthalt nicht an, verfällt die Summe.

Leider kommt es immer wieder vor, dass eine Reise nicht zum ersehnten Urlaubstraum wird, sondern im Chaos endet – weil der Reiseveranstalter Dinge versprochen hatte, die nicht eingehalten wurden. In solchen Fällen können Sie eine Minderung des Reisepreises verlagen.

In diesem Kapitel finden Sie Musterbriefe zu folgenden Themen:

- Anfrage und Buchung
- Stornierung
- Beschwerde
- Reisemängel
- Freizeit

Anfrage und Buchung

Information zu Schiffsreisen

Sehr geehrte Damen und Herren,
eine Bekannte von mir hat letztes Jahr bei Ihnen eine Schiffsrundreise durch das Mittelmeer gebucht. Sie war so von diesem Urlaub begeistert, dass auch ich nun an einer derartigen Reise im August interessiert bin.
Bitte schicken Sie mir Ihren aktuellen Reisekatalog für Schiffsreisen mit einer Preisliste zu. Kann ich dann die Reise direkt bei Ihnen buchen oder muss ich mich an ein Reisebüro wenden? Würden Sie mir in diesem Fall ein Reisebüro in meiner Nähe empfehlen?
Für Ihre Bemühungen herzlichen Dank.
Mit freundlichen Grüßen
Peter Muster

Information zu Studienreisen

Sehr geehrte Damen und Herren,
ich bin an einer Studienreise nach Griechenland interessiert. Haben Sie dieses Land im Angebot? Wenn dies der Fall sein sollte, bitte ich um Übersendung eines aktuellen Reisekatalogs mit Preisliste.
Ich würde die Reise gerne im Juni antreten. Sind vorab bestimmte Bestimmungen zu erfüllen? Für eine rasche Beantwortung dieser Fragen wäre ich Ihnen dankbar.
Für Ihre Bemühungen herzlichen Dank.
Mit freundlichen Grüßen
Peter Muster

Information zu Hotel

Sehr geehrte Damen und Herren,
für den Zeitraum vom 5.7.–10.7.2003 suche ich ein Hotelzimmer in Musterhausen. Würden Sie mir bitte Ihr Hotelangebot mit aktueller Preisliste zukommen lassen?
Entscheidend für eine Reservierung ist für mich, ob ich meinen Hund (einen Terrier, fünf Jahre alt) mitbringen darf. Wäre dies möglich?
Vielen Dank für Ihre Bemühungen.
Mit freundlichen Grüßen
Peter Muster

Information zu Stadt und Unterkunft

Sehr geehrte Damen und Herren,
ich bin daran interessiert, im August eine Reise nach Musterhausen
zu unternehmen.
Bitte senden Sie mir Informationsmaterial zu den Sehenswürdigkeiten
und Veranstaltungen zu. Außerdem wäre ich an einer Hotelliste mit
aktuellen Preisen interessiert.
Ich habe gehört, dass im August eine große Messe in Musterhausen
ist. Muss ich dann mit Problemen bei der Hotelsuche rechnen? Könnten Sie mir dann gegebenenfalls bei dieser Frage helfen?
Für Ihre Bemühungen herzlichen Dank.
Mit freundlichen Grüßen
Peter Muster

Anfrage wegen Buchung – Jagdhütte

Ferien im Teutoburger Wald
Sehr geehrter Herr Muster,
in der Zeitschrift »Jagd und Hund« fand ich Ihre Anzeige, in der Sie
eine Jagdhütte im Teutoburger Wald für einen Ferienaufenthalt anbie-
ten. Dazu habe ich einige Fragen:
- Wo befindet sich die Hütte genau?
- Ist die Hütte für sechs Personen ausgelegt?
- Können wir unsere drei Hunde dort unterbringen?
- Ist ein Aufenthalt vom 3. bis 15. September 2003 möglich, und
  was würde das insgesamt kosten?

Es wäre schön, wenn Sie auch einige Informationen über Einrichtung
und Ausstattung der Hütte sowie das Jagdangebot in den umliegen-
den Wäldern geben könnten.
Ich freue mich auf Ihre Antwort, gern auch telefonisch, dann am besten in der Zeit zwischen 18 und 20 Uhr.
Mit freundlichem Gruß nach Idstein
Markus Mustermann

Anfrage wegen Hotelzimmer

Sehr geehrte Damen und Herren,
für den Zeitraum vom 3.2.–6.2.2003 suche ich ein Hotelzimmer in
Musterhausen. Ich werde mit meiner Frau und einem Kind im Alter
von acht Jahren anreisen.
Bitte teilen Sie mir mit, wie Ihre Preise für ein Doppelzimmer und ein
Einzelzimmer mit Dusche oder Bad und WC sind. Wäre es auch mög-
lich, in ein Doppelzimmer für das Kind ein Zusatzbett zu stellen, und
was würde dies mehr kosten? Verstehen sich die Preise mit Frühstück
oder ist dieses getrennt zu entrichten? Bitte teilen Sie mir in diesem
Fall mit, was das Frühstück pro Person kosten würde.
Für Ihre Bemühungen herzlichen Dank im Voraus.
Mit freundlichen Grüßen
Peter Muster

Buchung einer Schiffsreise

Sehr geehrte Damen und Herren,
hiermit möchte ich gemäß Ihren Geschäftsbedingungen die Reise
Nr. 1234/56 »Schiffsrundreise durch das Mittelmeer mit der
MS Princess« vom 1.8.–21.8.2003 für zwei Personen buchen. Darin
enthalten sind folgende Leistungen (entsprechend Ihrem Katalog
»Schiffsreisen«):
- 21 Übernachtungen in einer Doppelkabine (2. Etage, außen)
  mit Dusche und WC
- Vollpension
- kostenlose Sportmöglichkeiten an Deck (Schwimmen, Tennis)
- verschiedene Landgänge und Rundfahrten

Der Gesamtpreis pro Person beträgt 1598 Euro.
Weiterhin möchten wir eine Reiserücktrittsversicherung abschließen.
Hierfür wäre pro Person zusätzlich ein Betrag von 20 Euro zu ent-
richten.
Bitte schicken Sie mir eine Bestätigung der Buchung zu.
Mit freundlichen Grüßen
Peter Muster

Schriftliche Bestätigung einer Zimmerreservierung

Sehr geehrte Damen und Herren,
heute Vormittag bestellte ich telefonisch bei Ihnen ein Doppelzimmer mit Dusche und WC für den Zeitraum vom 3.2–6.2.2003. Laut Ihrer Aussage soll das Zimmer pro Nacht mit Frühstücksbüfett 120 Euro kosten.
Hiermit wiederhole ich diese Bestellung noch einmal schriftlich.
Bitte bestätigen Sie mir Ihre Reservierung.
Mit freundlichen Grüßen
Peter Muster

Kartenreservierung für eine Opernaufführung

Sehr geehrte Damen und Herren,
für den Zeitraum vom 3.4.–6.4.2003 habe ich für meine Frau und mich bei Ihnen ein Doppelzimmer gebucht.
Während unseres Besuches in Musterhausen würden wir sehr gerne die Aufführung der Mozartoper »Turandot« besuchen. Können wir über Sie Karten für eine Abendvorstellung buchen?
Falls Sie keine Kartenreservierung vornehmen können, würde ich mich freuen, wenn Sie mir die Adresse oder Telefonnummer eines Ticketbüros mitteilen könnten.
Für Ihre Bemühungen herzlichen Dank.
Mit freundlichen Grüßen
Peter Muster

Umbuchung

Änderung einer Buchung – Erweiterung

Änderung unseres Auftrags vom 27. September
Sehr geehrte Frau Muster,
herzlichen Dank für Ihre telefonische Zusage, Ihr Reiseangebot unseren Wünschen entsprechend nachträglich zu erweitern.
Wie Sie wissen, wollen wir am 1. November 2003 einen Betriebsausflug nach Hamburg machen. Das hat sich auch in unserer Filiale in Rahden herumgesprochen, die in Nordrhein-Westfalen liegt. Dort ist Allerheiligen ein gesetzlicher Feiertag.

Einige Rahdener Kolleginnen und Kollegen haben den Wunsch geäußert, an diesem Tag an unserem Ausflug teilzunehmen. Wir entsprechen dem Wunsch gern und bestellen nun die Reise für 42 statt für 35 Personen. Der Preis pro Person wird unserer Vereinbarung gemäß um fünf Prozent günstiger.
Bitte schicken Sie mir umgehend eine detaillierte Bestätigung dieses erweiterten Auftrags.
Mit freundlichen Grüßen nach Hannover
Markus Mustermann

Änderung einer Buchung – anderer Teilnehmer

Reise nach Musterstadt vom 02.02.03 bis 16.02.03
Austausch der Reiseteilnehmer
Sehr geehrte Damen und Herren,
leider kann ich die oben genannte Reise nicht antreten.
Zur Vermeidung von Storno- beziehungsweise Reiserücktrittskosten wird stattdessen die Reise antreten:
Peter Mustermann
Herr Mustermann bestätigt sein Einverständnis durch Unterzeichnung dieses Briefes.
Eine eventuelle Gebühr für das Auswechseln der Reiseteilnehmer stellen Sie mir bitte in Rechnung. Meine Anzahlung können Sie verrechnen. Den Rest der Anzahlung überweisen Sie bitte auf untenstehendes Konto.
Bitte senden Sie mir und dem neuen Reiseteilnehmer eine Bestätigung.
Für Ihre Mühe vielen Dank im Voraus.
Mit freundlichen Grüßen
Johann Muster

Änderung einer Buchung – Umbuchung

Reise nach Musterstadt vom 02.03.2003 bis 16.03.2003
Umbuchung
Sehr geehrte Damen und Herren,
die oben genannte Reise möchte ich gerne wie folgt umbuchen:
Statt 02.03. bis 16.03.2003 würde ich jetzt gerne von 04.03. bis 18.03.2003 kommen.

Bitte senden Sie mir eine entsprechende Umbuchungsbestätigung. Wenn eine eventuelle Umbuchungsgebühr mehr als € 25,– beträgt, bitte ich um sofortige Mitteilung, da ich mir die Sache dann noch einmal überlegen würde. Sollte eine Umbuchung des speziellen Zieles nicht möglich sein, teilen Sie mir dies bitte umgehend mit, damit ich einen anderen Umbuchungswunsch äußern kann. Falls die Umbuchung überhaupt nicht möglich sein sollte, bitte ich ebenfalls um umgehende Mitteilung, da ich mich dann um eine Ersatzperson bemühe, die an meiner Stelle die Reise antritt.
Vielen Dank im Voraus.
Mit freundlichen Grüßen
Johann Mustermann

Stornierung

Rücktritt von der Reise

Reise nach Musterstadt vom 23.06.03 bis 30.06.03
Rücktritt
Sehr geehrte Damen und Herren,
hiermit erkläre ich den Rücktritt von obiger Reise.
Mit freundlichen Grüßen
Johann Mustermann

Rücktritt von der Reise – Krankheit

Reise nach Musterstadt vom 23.06.03 bis 30.06.03
Rücktritt wegen Krankheit
Sehr geehrte Damen und Herren,
wegen einer plötzlichen und unerwarteten Krankheit muss ich leider sofort von der oben genannten Reise zurücktreten. Ein ärztliches Attest ist beigefügt.
Im Reisepreis war eine Reiserücktrittskostenversicherung enthalten. Bitte teilen Sie mir mit, ob Sie zur Verfahrens- und Zahlungsvereinfachung die versicherungstechnische Abwicklung übernehmen, oder ob ich dies selbst erledigen soll.
Für Ihre Mühe vielen Dank im Voraus.
Mit freundlichen Grüßen
Johann Mustermann

Stornierung der Anfrage für ein Hotelzimmer

Sehr geehrte Damen und Herren,
am 14. Februar bat ich Sie um ein Angebot für ein Hotelzimmer für
den Zeitraum vom 3.4.–6.4.2003.
Mittlerweile habe ich mich für ein anderes Hotel entschieden und
möchte deshalb meine Zimmeranfrage stornieren.
Für Ihre Bemühungen möchte ich mich herzlich bedanken. Vielleicht
ergibt sich zu einem anderen Zeitpunkt eine Zusammenarbeit.
Mit freundlichen Grüßen
Peter Muster

Stornierung der Buchung – Schiffsreise

Sehr geehrte Damen und Herren,
am 14.2.2003 habe ich bei Ihnen für den Zeitraum vom
1.8.–21.8.2003 eine Schiffsreise durch das Mittelmeer mit der
MS Princess (Buchungsnr. 1234567) gebucht.
Leider kann ich aus gesundheitlichen Gründen die Reise nicht
antreten. Wäre es möglich, die Reise für einen späteren Zeitraum
umzubuchen? Welche Termine sind noch frei?
Sollte eine Umbuchung nicht möglich sein, muss ich leider die Reise
stornieren. Bitte schicken Sie mir dann eine entsprechende Bestätigung zu.
Mit freundlichen Grüßen
Peter Muster

Stornierung der Buchung eines Hotelzimmers

Sehr geehrte Damen und Herren,
für den Zeitraum vom 3.4.–6.4.2003 habe ich in Ihrem Hotel ein
Doppelzimmer gebucht.
Leider kann ich aus gesundheitlichen Gründen meine Reise nicht an-
treten und möchte deshalb meine Buchung stornieren. Bitte senden
Sie mir eine Bestätigung der Stornierung.
Sobald meine Gesundheit es zulässt, werde ich erneut eine Reise
nach Musterhausen anstreben. Ich würde mich freuen, wenn ich dann
auf Ihr Hotel zurückgreifen kann.
Für Ihre Bemühungen herzlichen Dank.
Mit freundlichen Grüßen
Peter Muster

Reisekündigung aufgrund höherer Gewalt

Reise vom 13.7.03 bis 20.7.03 nach Side, Villa Muster
Buchungsnummer 123456/03
Kündigung der Reise wegen erheblicher Reisebeeinträchtigung durch höhere Gewalt

Sehr geehrte Damen und Herren,
vor zwei Tagen ist es in der Nähe von Side zu einem schweren Erdbeben gekommen. Laut Nachfrage beim Außenministerium sind im Umkreis von gut 200 Kilometern die Wasser- und Stromversorgung zusammengebrochen. Viele Gebäude und Einrichtungen sind verwüstet. Mein geplanter Reiseantritt ist schon in vier Tagen. Bis dahin wird die schlimme Situation in Side auf keinen Fall beseitigt sein. Daher bleibt mir nichts anderes übrig, als die bei Ihnen gebuchte Reise wegen höherer Gewalt zu kündigen.
Die von mir geleistete Anzahlung von € 200,– überweisen Sie bitte bis zum 23.7.03 auf untenstehendes Konto.
Mit freundlichen Grüßen
Johann Mustermann

Stornierung einer Buchung – Pension

Buchung vom 18.5.03
Liebe Frau Muster,
leider muss ich die Buchung für die Zimmer in Ihrer Pension »Musterhof« vom 14. bis 28. Juli 2003 wieder rückgängig machen.
Mein Sohn Lukas hat in diesem Zeitraum einen wichtigen Krankenhaustermin. Deshalb können wir diesmal leider nicht Ihre Gastfreundschaft genießen.
Unsere Vorfreude auf das übernächste Jahr ist dafür umso größer.
Mit freundlichen Grüßen
Johanna Mustermann

Beschwerde

Beschwerde schlechter Service, Urlaub

Schlechter Service
Sehr geehrter Herr Muster,
seit Jahren verbringen wir in Ihrem Haus unseren Urlaub.
Nicht nur die gute Küche, sondern auch besonders den hervorragenden Service und die freundliche Atmosphäre haben wir immer sehr genossen.
In diesem Sommer waren wir jedoch sehr enttäuscht. Die Bedienung bei Tisch war ungewohnt unfreundlich, langsam und unaufmerksam.
Wir hoffen sehr, dass wir im kommenden Urlaub wieder die gewohnte Servicequalität genießen können.
Mit freundlichen Grüßen
Helene Mustermann

Reisemängel

Schadensersatz wegen Reisemängeln

Reise nach Schneekirch vom 12.1.03 bis 19.1.03
Rückzahlung des Reisepreises und Schadensersatz
Sehr geehrte Damen und Herren,
vom 12.1.03 bis 19.1.03 hatte ich aus Ihrem Katalog das Hotel »Musterer Hof« in Schneekirch gebucht, mit Einzelzimmer und Vollpension zu € 599 inklusive Flug.
Nach meiner Ankunft musste ich feststellen, dass der Hoteltrakt, in dem sich mein gebuchtes Zimmer befand, erst noch gebaut werden musste. Der Hotelier sagte mir, dass dieser erst nächste Saison in Betrieb genommen wird. Ein fertiges Zimmer war nicht frei und Ansprechpartner Ihrerseits gab es vor Ort nicht.
Ich war daher gezwungen, noch am Ankunftstag unverrichteter Dinge mit der Linie Muster Air zurückzufliegen.
Ich mache geltend:

Rückzahlung des Reisepreises	€ 599,–
Rückflugkosten als Schadensersatz	€ 220,–
Schadensersatz für nutzlos aufgewendete Urlaubszeit:	€ 350,–

Vorsorglich weise ich bezüglich der vollständigen Rückzahlung des Reisepreises darauf hin, dass Sie zwar in Düsseldorf die Transferleistung zum Flughafen und auch den Hinflug erbracht haben, diese beiden Leistungen aber aus den oben genannten Gründen für mich von keinerlei Interesse waren und somit nicht mit dem Reisepreis verrechnet werden dürfen.

Ich fordere Sie auf, die € 1.169,– bis zum 1.2.03 auf untenstehendes Konto zu überweisen. Sollten Sie nicht innerhalb dieser Frist zahlen, werde ich ohne weitere Nachricht Klage erheben.

Mit freundlichen Grüßen
Johann Mustermann

Abhilfeverlangen an Reiseleiter, Version 1

Hinweis: Als Teilnehmer einer Pauschalreise müssen Sie sich zunächst vor Ort beim Reiseleiter über Mängel im Hotel, im Restaurant oder bei anderen gebuchten Leistungen beschweren. Die Reiseleitung muss versuchen, den Mangel zu beseitigen oder Ihnen Ersatz anzubieten.

Sehr geehrte(r) Herr/ Frau Reiseleiter(in) Muster,
bei meiner Ankunft gestern Abend wurde mir ein Zimmer zur angrenzenden Hauptverkehrsstraße zugewiesen. Unmittelbar unter dem Zimmer ist die Hoteldiskothek. Gebucht hatte ich mit Meerblick (laut Buchungsbestätigung) »in einer besonders ruhigen und entspannten Atmosphäre«. Ich fordere Sie auf, mir bis morgen früh ein Ihrem Reiseprospekt entsprechendes Zimmer zuzuweisen, andernfalls werde ich mir auf Kosten von »Muster Reisen« ein der Buchung entsprechendes Zimmer suchen.

Johann Mustermann

Abhilfeverlangen an Reiseleiter, Version 2

Hinweis: Nachdem Sie die Mängel bei der Reiseleitung mündlich und schriftlich angezeigt haben, sollten Sie sich dies schriftlich bestätigen lassen. Beispiele dafür finden Sie im Anschluss an den folgenden Brief.

Sehr geehrte(r) Herr/ Frau Reiseleiter(in) Muster ,
seit gestern Mittag 12.45 Uhr ist in unserem Appartement »Villa Muster« die Toilettenspülung kaputt. Ein Verrichten der Notdurft ist unmöglich. Wir müssen seitdem mit den sanitären Einrichtungen des Nachbarhauses vorlieb nehmen. Unsere Nachbarn haben glücklicherweise Verständnis.

Bitte sorgen Sie bis morgen früh für Abhilfe, andernfalls kümmern wir uns eigenständig auf Kosten von »Muster Reisen« um einen Klempner. Vorsorglich weisen wir darauf hin, dass wir für die damit verbrachte Zeit einen Schadensersatzanspruch für ½ Tag nutzlos aufgewendeter Urlaubszeit geltend machen würden.
Johann Mustermann

Reisemängel – Empfangsbekenntnis

Hinweis: Die Empfangsbekenntnis wird am besten direkt unter den jeweiligen Brief gesetzt.
Empfangsbekenntnis 1:
Das Original des obigen Schreibens habe ich heute erhalten.
Urlaubsparadies, den 24.7.03.
Anneliese Muster (Reiseleitung)
Empfangsbekenntnis 2:
Das Abhilfeverlangen mit Fristsetzung wegen lauter Wohnlage von Herrn/Frau Mustermann habe ich heute erhalten.
Urlaubsparadies, den 24.7.03.
Anneliese Muster (Reiseleitung)

Reisemängel – Kündigungsandrohung

An die Reiseleitung von »Muster Reisen«
Sehr geehrte(r) Herr/ Frau Reiseleiter(in) Muster,
uns wurde bei unserer Ankunft gestern ein Zimmer in dem Hotel »Musterland« in dem Ort Musterdorf zugewiesen.
Der Ort liegt allein in einem Tal und 20 Minuten mit dem Auto von dem Skigebiet »Musterpiste« entfernt. Die Fenster unseres Hotelzimmers isolieren nicht und es ist entsprechend kalt. Das Hotel hat weder einen Skikeller noch andere Räumlichkeiten, die ein Trocknen der Skiwäsche erlauben. Auch erschöpfen sich die Freizeiteinrichtungen des Hotels in lauwarmen Duschen und einer Terrasse. Es handelt sich um ein Gasthaus mit einem Stern.
Gebucht hatten wir ein Drei-Sterne-Hotel mit Lage direkt an der Talstation »Musterpiste«, inklusive Sauna- und Solariumsbereich sowie Skikeller. Wenn Sie nicht bis heute Abend, 20.00 Uhr, für ein der Buchung entsprechendes Hotel Sorge tragen, werden wir den Reisevertrag kündigen und abreisen.
Wir machen darauf aufmerksam, dass wir in diesem Fall zusätzlich

Schadensersatzansprüche geltend machen werden, mindestens für nutzlos aufgewendete Urlaubszeit.
Mit freundlichen Grüßen
Musterdorf, den 24.7.03
Johann Mustermann

Reisemängel – Mängelanzeige und Minderung

An die Reiseleitung von »Muster Reisen«
Sehr geehrte(r) Herr/ Frau Reiseleiter(in) Muster,
seit gestern Mittag 12.30 Uhr ist in unserem Appartement »Villa Muster« die Klospülung kaputt.
Hiermit zeige ich Ihnen diesen Mangel an mit dem Hinweis, dass meine Familie wegen der angezeigten Mängel Minderungsansprüche geltend machen wird.
Johann Mustermann

Reisemängel – Minderung des Reisepreises, Version 1

Reise nach Side vom 10.7.03 bis 24.7.03
Minderung des Reisepreises
Sehr geehrte Damen und Herren,
vom 10.7.03 bis 24.7.03 hatte ich mit meiner Familie aus Ihrem Katalog das Haus »Villa Muster« in Side gebucht. Die Reise kostete mit Vollpension € 3.250,–, der Flug war im Preis inbegriffen. Im Katalog war das Haus als ruhig gelegen beschrieben.
Leider war Tatsache, dass das Haus an einer Hauptverkehrsstraße lag. Von ruhig konnte keine Rede sein, auch nachts nicht, da auf der Straße ständig reger Verkehr herrschte. Die »ruhige Atmosphäre« war eindeutig nicht gegeben, ein ungestörtes Schlafen unmöglich.
Dies habe ich der Reiseleitung vor Ort mehrmals angezeigt (so am 11.7., 13.7. und 19.7.03), leider erfolglos. Frau Muster entgegnete auf unsere Beschwerde, dass sie nichts machen könne und wir mit dem zufrieden sein sollten, was wir hätten.
Aus den genannten Gründen liegt ein Mangel der Reise vor, den ich in Anlehnung an die »Frankfurter Tabelle« wie folgt berechne:
- Erheblicher Lärm am Tage als Mangel der Unterkunft mit 20 Prozent,
- erheblicher Lärm in der Nacht mit 25 Prozent.
- Zusammen ergibt das eine Minderung von 45 Prozent = € 1462,50.

Ich fordere Sie auf, die € 1462,50 bis zum 15.8.03 auf untenstehendes Konto zu überweisen.

Bei Fristüberschreitung werde ich Klage einreichen. Zur Glaubhaftmachung vor Gericht dienen umfassende und dokumentierende Fotos
der beschriebenen Mängel sowie Zeugenaussagen anderer Reisender.

Anbei finden Sie eine Kopie der schriftlichen Mängelanzeige am
Urlaubsort vom 13.7.03.

Mit freundlichen Grüßen
Johann Mustermann

Reisemängel – Minderung des Reisepreises, Version 2

Reise nach Side, Club Muster vom 23.04.2003 bis 07.05.2003
Minderung des Reisepreises

Sehr geehrte Damen und Herren,

vom 23.4.03 bis 7.5.03 hatte ich aus Ihrem Katalog die Reise in den
Club Muster bei Side gebucht, mit folgenden Einzelleistungen und
Beschreibungen der Lage vor Ort:

■ *(Beschreibung der Einzelleistungen Flug, Hotel, Sterne, Zimmer,
Lage, Kultur, Besichtigungen, Ambiente etc. und die speziellen
Beschreibungen des Prospekts oder Reisevermittlers)*

Tatsächlich aber stellte sich die Situation folgendermaßen dar:

■ *(Schilderung der tatsächlich vorgefundenen Lage beziehungsweise
der tatsächlich angebotenen Leistungen)*

Meine mehrfachen Beschwerden (so am …) bei der örtlichen Reiseleitung, Frau/Herrn Muster, blieben leider erfolglos. Frau/Herr Muster
entgegnete auf mein Verlangen, dass

■ *hier Äußerungen der Reiseleitung einfügen*

Aus den genannten Gründen liegt ein Minderwert der Reise von
… Prozent, das entspricht € … vor.

Bitte überweisen Sie den Betrag von € … bis zum … auf untenstehendes Konto.

Sollten Sie diese Frist nicht einhalten, werde ich Klage einreichen.

Zur Glaubhaftmachung vor Gericht dienen umfassende und dokumentierende Fotos der beschriebenen Mängel sowie Zeugenaussagen
anderer Reisender.

Anbei finden Sie eine Kopie der schriftlichen Mängelanzeige am
Urlaubsort vom …

Mit freundlichen Grüßen
Manfred Mustermann

Reisemängel – Minderung des Reisepreises, Version 3

Reise in den Club Muster bei Side vom 10.7.03 bis 24.7.03
Minderung des Reisepreises

Sehr geehrte Damen und Herren,

vom 10.07.03 bis 24.07.03 hatte ich aus Ihrem Reisekatalog »Muster Club Reisen« gebucht, mit

▪ *(Anzahl Zimmer, Halbpension, Vollpension, Flug, etc.)*

Im Katalog war .... als .... beschrieben.

Tatsächlich aber war ....

Weiterhin ....

Mit in der Anlage in Kopie beigefügtem Schreiben habe ich die vorgenannten Mängel bei Ihrer örtlichen Reiseleitung gerügt und eine Frist zur Abhilfe bis zum .... gesetzt. Gleichzeitig hatte ich darauf hingewiesen, dass ich im Falle der Nichtabhilfe Minderung und Schadensersatz gellend machen würde. Eine Abhilfe ist jedoch nicht erfolgt.

In Anlehnung an die »Frankfurter Tabelle« liegt zunächst ein Minderwert der Reise von ... Prozent = ... € vor.

Darüber hinaus war der »Urlaub« aus den oben genannten Gründen nicht zu genießen und völlig umsonst. Somit handelte es sich dabei um nutzlos aufgewendete Urlaubszeit. Hierfür mache ich als Schadensersatz weitere .... € geltend, also .... € pro Tag.

Den Betrag von insgesamt .... € überweisen Sie bitte bis zum .... auf untenstehendes Konto.

Bei Fristüberschreitung werde ich Klage einreichen. Im Falle einer gerichtlichen Auseinandersetzung dienen als Glaubhaftmachung der von mir gerügten Reisemängel Fotos und Zeugenaussagen anderer Reisender.

Mit freundlichen Grüßen

Johann Mustermann

Freizeit

Kündigung bei einem Verein

Kündigung der Club-Mitgliedschaft

Liebe/r Frau/Herr Muster,
da ich aus beruflichen Gründen zum Jahresende nach Stuttgart ziehe,
kündige ich hiermit fristgerecht meine Mitgliedschaft im KTC zum
31. Dezember 2003.
Ich habe mich im Club immer sehr wohl gefühlt und dort viele schöne
Stunden verbracht. Dafür möchte ich mich bei allen herzlich bedanken.
Viele Grüße
Manfred Mustermann

Mahnung an einen Vereinskollegen

Gemeinsam im Verein

Hallo, Hartmut,
du bist dem Verein als ein sehr ambitioniertes und aktives Mitglied bekannt. Jedoch: Dieses Engagement bezieht sich nur auf das Tennis-
spielen selbst – und das stört viele in unserem Kreis.
In den vergangenen Jahren hat es unter den Vereinsmitgliedern wiederholt Stimmen gegeben, die deinen mangelnden Einsatz bei der Platzre-
novierung, Turniervorbereitung, Vereinsheimsanierung und anderen ge-
meinsamen Aktivitäten heftig kritisiert haben. Besonders negativ ist
dein Fehlen in der Vorbereitungsphase des letzten Turniers aufgefallen.
Die gemeinsame Arbeit hat – neben dem Tennisspiel selbst – eine
wichtige Funktion für ein intaktes Vereinsleben. Dein Verhalten wirkt
nicht nur vereinsschädigend, sondern hat negative Auswirkungen für
alle – auch für dich selbst. Wenn das so weitergeht, hast du hier bald
keinen Freundeskreis mehr.
Ich bitte dich deshalb noch einmal, dich – wie jedes andere Mitglied
auch – an den Vereinsarbeiten zu beteiligen. Schließlich ist es auch in
deinem Interesse, wenn die Logistik stimmt und der Vereinsfriede gewahrt bleibt. Ich schicke dir deshalb den Einsatzplan für die kommenden zwei Wochen. Bitte sage mir, wann du kommst, um mitzuarbeiten.
Mit sportlichen Grüßen
Markus Mustermann
Anlage

Kapitel 5

Musterbriefe für Mieter

Sie verstehen sich bestens mit Ihrem Vermieter? Pflegen beinahe ein freundschaftliches Verhältnis? Dann können Sie den »normalen« Briefwechsel sicher auch in locker-legerem Ton halten. Etwas anders sieht es aus, wenn Sie zu Ihrem Hausherrn ein eher distanziertes Verhältnis haben, ihn vielleicht gar nicht persönlich kennen – oder wenn es um »offizielle« Angelegenheiten geht. Bestimmte Schreiben – wie die Kündigung einer Wohnung, die Stellung eines Nachmieters und Ähnliches bedürfen selbst bei einem befreundeten Vermieter einer bestimmten Form, an die Sie sich halten sollten. Es bleibt Ihnen natürlich unbenommen, ein rein formales Schreiben mit ein paar persönlichen Zeilen aufzulockern oder – noch besser – auf einem Extrablatt ein paar individuelle Sätze hinzuzufügen. In den folgenden Briefen für Mieter finden Sie

- Anfragen und Anmietung
- Mängelanzeige
- Mietminderung
- Kündigung
- Widerspruch gegen Kündigung

Anfragen und Anmietung

Bewerbung um Räume zur Geschäftseröffnung

Sie haben, was sich suche

Sehr geehrter Herr Muster,

ich interessiere mich für die Anmietung von Ladenräumen in Ihrem Geschäftshaus in der Mustergasse Nr. 12.

Zum 1. September 2003 möchte ich in Musterstadt einen Teeladen eröffnen und Ihr Objekt scheint mir dafür hervorragend geeignet zu sein.

Die Konzeption meines Geschäftsvorhabens schicke ich Ihnen mit. Sie werden feststellen, dass die Planungen bereits sehr weit fortgeschritten sind, inklusive der kompletten Finanzierung durch die hiesige Raiffeisenbank. Das Wichtigste, was mir fehlt, sind repräsentative Verkaufs- und Ladenflächen in der Größenordnung zwischen 60 und 80 Quadratmetern. Bitte teilen Sie mir doch mit, ob in Ihrem Geschäftshaus entsprechende Flächen zur Vermietung frei sind – wenn ja, sollten wir schnellstmöglich einen persönlichen Gesprächstermin vereinbaren.

Ich bin bei der zeitlichen Gestaltung sehr flexibel, weil ich für den Sprung in die Selbstständigkeit meine frühere Stelle bereits aufgegeben habe. Somit richte ich mich gern nach Ihrem Terminkalender.

Für Ihre freundlichen Bemühungen danke ich Ihnen sehr herzlich.

Falls Sie noch Fragen haben – oder zur Terminabstimmung – rufen Sie mich doch bitte an unter (01111) 123456. Gern gebe ich Ihnen weitere Auskünfte.

Mit erwartungsvollen Grüßen

Markus Mustermann

Mitteilung an Vermieter – Anmeldung Lebensgefährte

Anmeldung meines Lebensfährten, Herrn Anton Musterle

Lieber Herr Dr. Muster,

liebe Frau Muster,

vor etlichen Wochen haben wir kurz über meine Pläne und einen eventuell geplanten Auszug aus der von Ihnen gemieteten Wohnung in der Mustergasse 12, 99999 Musterstadt gesprochen. Meine private

Situation hat sich jedoch geändert: Ich ziehe nicht aus und gehe nach Hamburg, sondern bleibe – und das sehr gerne! – hier in Musterstadt. Ich möchte Ihnen aber – wie sagt man so schön: der guten Ordnung halber – mitteilen, dass mein Lebensgefährte, Herr Anton Musterle, in Zukunft mit mir zusammenlebt. Laut Mietvertrag § 4, Abs. 3 dürfte das kein Problem darstellen, zumal ich die Hauptmieterin bleibe.

Die Anmeldung bei der Stadt Musterdorf erledigen wir in den nächsten Tagen, die entsprechenden Unterlagen gebe ich dann gleich an Sie weiter.

Mit freundlichen Grüßen
Marlene Mustermann

Mietverhältnis – Anfrage wegen Tierhaltung

Sehr geehrte Frau …
Sehr geehrter Herr …
ich bin Mieter Ihrer Wohnung im ersten Obergeschoss rechts in der Musterstraße 12.

In unserem Mietvertrag ist geregelt, dass für eine Tierhaltung mit Ausnahme von Kleintieren die Zustimmung des Vermieters erforderlich ist. Ich würde mir gerne eine Katze anschaffen und bitte hierzu um Ihre Genehmigung.

Da sich die Katze nur in meiner Wohnung aufhalten wird ist es ausgeschlossen, dass andere Mietparteien dadurch gestört werden können. Ich würde mich daher sehr freuen, wenn Sie die Genehmigung erteilen könnten.

Mit freundlichen Grüßen
Max Muster

Mängelanzeigen

Wohnräume nicht bezugsfertig

Mietobjekt: Musterstr. 3, 11111 Musterdorf
Mietvertrag vom: 01. 6. 2003
Nichtbenutzbarkeit der Mieträume
Sehr geehrter Herr Muster,
ich habe mit Ihnen über vorgenannte Mieträume einen Mietvertrag abgeschlossen. Beginn der Mietzeit war der 1.6.03. Leider sind die Miet-

räume noch total unrenoviert und bis oben voll mit Inventar des Vormieters. Sie sind daher augenblicklich nicht benutzbar. Ich setze Ihnen hiermit eine Frist von zwei Wochen ab Zugang des Schreibens, innerhalb derer Sie die Benutzbarkeit der Räume herstellen. Weiterhin melde ich sämtliche rechtlichen Konsequenzen an, die aus der Nichtnutzbarkeit für mich entstehen, insbesondere, dass ich zurzeit nicht einziehen kann und eine anderweitige Unterbringung für mich notwendig ist.
Mit freundlichen Grüßen
Johann Mustermann

Mietverhältnis – Schadensmeldung und Minderungsandrohung

Schadensmeldung vom 12. Juni 2003
Unser Telefongespräch vom 16. Juni 2003
Sehr geehrter Herr Muster,
in meinem Brief vom 12. Juni 2003 habe ich Sie über den Ausfall unserer Klingelanlage informiert und meinem Anliegen in einem Telefonat am 16. Juni noch einmal Nachdruck gegeben. Sie haben mir dabei zugesagt, noch am selben Tag einen Elektriker zu beauftragen. Doch es ist nichts geschehen. Weder funktioniert die Klingelanlage noch hat sich ein Elektriker gemeldet.
Ich bitte Sie daher noch einmal eindringlich, die Klingelanlage umgehend reparieren zu lassen. Vorsorglich weise ich darauf hin, dass ich vom 1. Juli 2003 an den Mietzins um 10 Prozent kürzen werde, da der Ausfall der Klingelanlage den Wohnwert erheblich mindert. Selbstverständlich werde ich wieder die volle Miete zahlen, sobald die Reparatur erfolgt ist.
Mit freundlichen Grüßen
Johannes Mustermann

Beschwerde über die Hausverwaltung

Beschwerde
Sehr geehrter Herr Dr. Muster,
mit diesem Brief möchte ich mich zum dritten Mal in diesem Jahr bei Ihnen über die
Hausverwaltung K & B
Muster Allee 87
11111 Musterdorf
beschweren und um Ihre Stellungnahme dazu bitten.

Im aktuellen Fall beschwere ich mich heute darüber, dass der Hausmeister weder persönlich noch durch Fax oder Brief erreichbar ist, um Fragen nach Ersatz für Keller-, Garagen- oder Haustürschlüssel zu beantworten.

Schaffen Sie bitte diesen schlechten Eindruck von Ihrer Hausverwaltung aus der Welt, damit unser Mietverhältnis wieder ein normales wird. Bis zur Beantwortung der offenen Fragen verbleibe ich mit freundlichen Grüßen
Johanna Mustermann

Mietverhältnis – Mängelanzeige allgemein

Mietwohnung Objekt ...., ...
Sehr geehrter Herr Muster,
in der von mir gemieteten Wohnung sind folgende Mängel aufgetreten:
▪ *(konkrete Beschreibung der Mängel)*
Diese Mängel bestehen seit dem ... *(Datum)*. Die durch diese Mängel eingetretene Minderung des Mietzinses bewerte ich mit € ... (Betrag). In Höhe dieses Betrages werde ich ab sofort die von mir geschuldete Monatsmiete bis zur Behebung der Mängel mindern. Für die bereits zurückliegende Zeit rechne ich mit einem Rückerstattungsanspruch überzahlter Miete infolge der eingetretenen Mietminderung in Höhe von monatlich € ... (Betrag) für die Zeit ab dem ... (Datum).
Mit freundlichen Grüßen
Johannes Mustermann

Mietminderung

Mietminderungsandrohung allgemein

Mietminderung
Sehr geehrter Herr Muster,
entsprechend meiner Obliegenheit gemäß § 545 BGB habe ich Sie mit Schreiben vom 05.06.2003 darauf hingewiesen, dass die Mietsache folgenden Mangel aufweist:
▪ *hier Mangel aufführen und Folgeschäden/Konsequenzen aufzählen Beispiel: Die Fenster der Wohnung sind undicht. Dadurch wird die Tauglichkeit der Mietsache zum vertragsgemäßen Gebrauch aufgehoben, da es die ganze Zeit zieht, sich bei Regenwetter Wasser-*

lachen auf den Fensterbrettern bilden und die Heizkosten in den
Wintermonaten unnötigerweise in die Höhe getrieben werden.
Ich bin daher berechtigt, den Mietzins zu mindern. Ich halte eine
Minderung um 20 Prozent monatlich so lange für angemessen, bis der
Mangel beseitigt worden ist.
Sie erhalten bis dahin somit nur noch den Betrag von € 700,–
monatlich.
Mit freundlichen Grüßen
Johann Mustermann

Mietminderung – Feuchte Wände

Mietminderung
Mein Schreiben vom 25.10.2003
Sehr geehrter Herr Muster,
in meinem Schreiben vom 25.10.2003 schilderte ich Ihnen den
Zustand meiner Wohnung – feuchte Wohnzimmerwand mit Schimmel-
flecken – und bat Sie, die Mängel zu beheben.
Da Sie bis heute noch nicht auf mein Schreiben reagiert haben und
sich der Zustand der betroffenen Wand noch weiter verschlechtert hat,
mindere ich meine monatlich zu zahlende Miete um 20 Prozent, be-
ginnend mit der nächsten Zahlung.
Bitte veranlassen Sie, dass die Mängel umgehend (spätestens bis zum
28.11.2003) behoben werden. Rufen Sie mich bitte an, damit wir
das weitere Vorgehen besprechen können.
Mit freundlichen Grüßen
Johannes Mustermann
Anlage: Foto der Wohnzimmerwand

Androhung Mietminderung – Ausfall der Heißwasserboilers

Mein Brief vom 13. Januar 2003
Unser Telefonat vom 18. Januar 2003
Sehr geehrter Herr Hoffmann,
mit Schreiben vom 13. Januar 2003 teilte ich Ihnen mit, dass der
Heißwasserboiler in meiner Wohnung nicht mehr funktioniert und bat
Sie um schnelle Behebung des Schadens. Nachdem Sie auf mein
Schreiben nicht reagierten, habe ich Sie am 18. Januar 2003 noch
einmal telefonisch an mein Anliegen erinnert. Sie sagten mir in die-
sem Gespräch zu, noch am nächsten Tag einen Handwerker zu beauf-

tragen. Danach aber habe ich aber weder etwas von Ihnen noch von einem Handwerker gehört.

Hiermit fordere ich von Ihnen noch einmal nachdrücklich die umgehende Reparatur des Boilers. Ich weise darauf hin, dass ich andernfalls die Nettomiete ab dem 1. Februar 2003 um 10 Prozent kürzen werde, da der Verzicht auf Warmwasser eine deutliche Minderung des Wohnwertes darstellt. Sobald die Reparatur erfolgt ist, werde ich natürlich wieder den vollen Mietpreis zahlen.

Mit freundlichen Grüßen
Markus Mustermann

Androhung Mietminderung – Feuchte Zimmerdecke

Mein Schreiben vom 28.02.03
Feuchte Stelle an der Schlafzimmerdecke
Sehr geehrter Herr Muster,
am 28.02.03 habe ich Sie über die feuchte Stelle an meiner Schlafzimmerdecke unterrichtet und Sie gebeten, für die Beseitigung des Schadens zu sorgen.

Bisher ist das Dach nicht repariert worden und es tropft weiter Wasser von der Decke – inzwischen an drei verschiedenen Stellen. Vorsorglich mache ich Sie darauf aufmerksam, dass ich erstmals am 01.04.2003 den Mietzins um 20 Prozent kürzen werde, weil mein Schlafzimmer unbewohnbar geworden ist.

Selbstverständlich hebe ich die Kürzung sofort nach der Reparatur auf.

Mit freundlichen Grüßen
Markus Mustermann

Mietminderung – Gefährdeter Balkon

Mein Schreiben vom 4.12.2003
Sehr geehrter Herr Muster,
wie ich Ihnen bereits schriftlich am 4.12.2003 mitgeteilt habe, ist das Balkongeländer meiner Wohnung stark verrostet. Daher kann der Balkon nicht genutzt werden.

Dadurch liegt eine spürbare, nicht unerhebliche Beeinträchtigung der Nutzungsmöglichkeit der Wohnung vor. Innerhalb der gesetzten Frist von zwei Wochen haben Sie leider keine Abhilfe geschaffen.

Deshalb mindere ich den Mietzins für den gesamten Zeitraum des Vorliegens des Mangels um 3 Prozent. Dies entspricht dem Prozent-

satz, den das Landgericht Berlin in einem vergleichbaren Fall festgesetzt hat (Zeitschrift »Wohnungswirtschaft und Mietrecht« 86, 327). Da die Miete für den Monat Dezember bereits zum Monatsanfang überwiesen wurde, werde ich meine Minderungsansprüche in Höhe von € ... von der nächsten Monatsmiete in Abzug bringen.
Mit freundlichen Grüßen
Johann Mustermann

Kündigung

Kündigung Mietwohnung ohne Begründung

Sehr geehrter Herr Muster,
hiermit kündige ich das derzeitig mit Ihnen bestehende Mietverhältnis in der Musterstr. 14 in 11111 Musterdorf zum nächstmöglichen Termin.
Mit freundlichen Grüßen
Johann Mustermann

Kündigung Mietwohnung mit Begründung

Kündigung des Mietvertrags vom 01. Oktober 1998
Wohnung Musterweg 1, 1. OG links
Sehr geehrter Herr Muster,
am 1. März 2003 trete ich eine neue Arbeitsstelle in Hamburg an. Deshalb kündige ich den o. g. Mietvertrag zum 28. Februar 2003. Ich habe mich in Ihrer Wohnung sehr wohl gefühlt. Hoffentlich habe ich in Hamburg genauso viel Glück mit meinem Vermieter.
Mit freundlichen Grüßen
Johann Mustermann

Kündigung Mietwohnung mit Übergabetermin

Sehr geehrte Damen und Herren,
hiermit kündige ich meinen Mietvertrag für die Wohnung in der Musterstraße 12, 99999 Musterdorf, Etage 3, Wohnungsnummer 1.
Laut Vertrag ist diese Kündigung mit einer Frist von drei Monaten verbunden, das Mietverhältnis endet also am ...

Als Termin für die Übergabe der Wohnung schlage ich Ihnen den ...
vor. Für diesen Tag bitte ich auch um die Rückzahlung meiner Kaution.
Sollten Sie zur Weitervermietung die Wohnung besichtigen lassen,
stimmen Sie bitte jeden Termin einzeln schriftlich oder telefonisch
unter (01111) 123456 mit mir ab.
Mit freundlichen Grüßen
Max Muster

Kündigung Mietwohnung mit Stellung eines Nachmieters

Sehr geehrte Frau ...,
sehr geehrter Herr ...,
hiermit kündige(n) ich/wir das noch auf drei Jahre abgeschlossene
Mietverhältnis zum nächstmöglichen Zeitpunkt aus folgendem Grund:
Bedingt durch einen Arbeitsplatzwechsel werde ich künftig mit meiner
Familie in Stuttgart-Vahingen leben.
Nach der Rechtsprechung ist aufgrund der vorliegenden triftigen
Gründe die gesetzliche Kündigungsfrist nach Ablauf des dritten Mo-
nats, also zum ...
Folgende Nachmieter wären bereit, das Objekt zu den an mich/uns
gestellten Bedingungen anzumieten:
1. Herr/Frau ...
2. Herr/Frau ...
3. Herr/Frau ...
Mit freundlichen Grüßen
Max Muster

Kündigung der Mitgliedschaft im Mieterverein

Mitgliedsnummer 010101
Kündigung
Sehr geehrte Damen und Herren,
hiermit kündige ich meine Mitgliedschaft in Ihrem Verein fristgemäß
zum 30.08.2003 und entziehe Ihnen gleichzeitig die erteilte Einzugs-
ermächtigung zur Abbuchung des Mitgliedsbeitrags.
Mit freundlichen Grüßen
Johanna Muster

Widerspruch gegen Kündigung

Mietverhältnis – Widerspruch gegen Kündigung (§ 556 a BGB)

Sehr geehrte Frau ...,
sehr geehrter Herr ...,
ich (wir) bestätigen den Zugang Ihrer Kündigung vom ...
Ich (wir) widerspreche(n) der Kündigung, weil sie für mich (uns) und meine (unsere) Familie eine nicht zu rechtfertigende Härte bedeuten würde.

- *Beispiele der Begründung:*
- *Ich (wir) habe(n) nach Erhalt der Kündigung sofort versucht, eine neue Wohnung zu finden. Wir können Ihnen gerne im Fall eines Räumungsrechtsstreits die Adressen der Maklerfirmen benennen, die wir mit der Suche beauftragt haben. Sie kennen aber auch die Lage auf dem Wohnungsmarkt, sodass Sie Verständnis dafür haben werden, dass es uns einfach nicht gelungen ist, eine Wohnung zu finden.*
- *Aufgrund folgender Erkrankung kann ich / können wir nicht ausziehen: ...*
- *Aufgrund meines hohen Alters von 88 Jahren ist mir, meiner Ehefrau, meinem Ehemann der Auszug unmöglich.*
- *Unsere Kinder Maria und Manuel sind schulpflichtig. Während des Schuljahrs ist uns ein Auszug nicht möglich.*

Aus diesem Grund verlange(n) ich (wir) die Fortsetzung des Mietverhältnisses.
Mit freundlichen Grüßen
Max Muster

Mietverhältnis – Einspruch gegen Kündigung wegen Eigenbedarf

Mietobjekt Musterchaussee 16, Parterre
Sehr geehrter Herr Muster,
gegen Ihre Kündigung des Mietvertrages wegen Eigenbedarfes vom 18.10.2003 lege ich Einspruch ein. Nach Prüfung aller von Ihnen angeführten Gründe bezweifle ich, dass ein Eigenbedarf vorliegt.
Mit freundlichen Grüßen
Markus Mustermann

Kapitel 6:

Musterbriefe für Vermieter

Für Briefe des Vermieters an seine Mieter gilt das Gleiche: Um einen Sachverhalt klar darzustellen, bedarf es oft bestimmter Formen und Formulierungen. Nicht zuletzt deshalb, weil Sie als Vermieter ja auch Pflichten haben, die über die Instandhaltung der vermieteten Wohnung hinausgehen und die Sie unter Umständen im Mietvertrag an den Mieter weitergegeben haben. Prinzipiell sollten Sie sich natürlich bemühen – um eines guten Verhältnisses willen – im Ton nicht von vornherein hart und unpersönlich zu sein. Freundlichkeit muss ja nicht Nachgiebigkeit heißen. Auch hier gilt also: höflich und freundlich – aber klar und sachlich. Wer mit seinen Mietern guten Umgang pflegt, kann selbst eine Kündigung so aussprechen (oder mit ein paar persönlichen Zeilen ergänzen), dass es nicht nach »Rausschmiss« klingt, sondern dass die Begründung (zum Beispiel Eigenbedarf) einsichtig zu machen ist. Es folgen Musterbriefe zu den Themen:

- Abmahnungen
- Kündigung
- Modernisierung
- Mieterhöhung
- Untervermietung
- Tierhaltung
- Entgegennahme einer Mängelanzeige

Abmahnungen

Abmahnung – Räum- und Streupflicht nicht beachtet

Sehr geehrte Frau Muster,
sehr geehrter Herr Muster,
laut unserem Mietvertrag vom … obliegt Ihnen die Räum- und Streupflicht auf dem Gehweg vor dem Haus. Ich musste nunmehr feststellen, dass Sie dieser Pflicht vom … bis … nicht nachgekommen sind. Ebenso am … und …
Als Vermieter habe ich diese Aufgabe auf Sie übertragen. Da mich eine Überwachungspflicht dahingehend trifft, dass das Räumen und Streuen von Ihrer Seite ordnungsgemäß durchgeführt wird, fordere ich Sie hiermit auf, beides künftig auszuführen.
Sollten Sie meiner Aufforderung nicht nachkommen, sehe ich mich gezwungen, auf Ihre Kosten ein Unternehmen damit zu beauftragen, die Arbeiten durchzuführen. Notfalls sehe ich mich außerdem gezwungen, Ihnen bei beharrlicher Weigerung Ihrerseits die Kündigung auszusprechen.
Bitte haben Sie Verständnis dafür, dass ich Sie sowohl zum Schutz der anderen Mitbewohner als auch zum Schutz der den Gehweg benutzenden Passanten auffordern muss, bei Schnee- und Eisglätte Ihrer Räum- und Streupflicht nachzugehen.
Ich möchte Sie darauf hinweisen, dass Sie sich für Sach- oder Körperschäden, die durch die Nichterfüllung Ihrer Pflicht entstehen, schadenersatzpflichtig machen. Dies wollen Sie doch sicherlich vermeiden.
Mit freundlichen Grüßen
Peter Mustermann

Abmahnung wegen vertragswidrigem Gebrauch

Wohnraummietvertrag
Sehr geehrter Herr Mustermann,
wie ich erfahren habe, haben Sie sich als Mieter der von Ihnen angemieteten Wohnung Mustergasse in Musterhausen in letzter Zeit vertragswidrig verhalten. Das vertragswidrige Verhalten besteht in Folgendem:

Sie betreiben in der von Ihnen zu Wohnzwecken angemieteten Wohnung ein Schreibbüro und beschäftigen bis zu 4 Mitarbeiter gleichzeitig. Die von Ihnen betriebenen Schreibautomaten verursachen unter anderem erhebliche Lärmbelästigungen der anderen Mitmieter in dem Wohnhaus. Ferner ist durch das Bringen und Holen der Auftragsarbeiten ein nicht unerheblicher Publikumsverkehr aufgetreten, der ebenfalls zu Störungen und Belästigungen von Mitmietern führt. Mit Ihrer Handlungsweise haben Sie den vertragsgemäßen Gebrauch der von Ihnen zu Wohnzwecken gemieteten Räume bei weitem überschritten. Ich fordere Sie auf, das vertragswidrige Verhalten unverzüglich zu unterlassen. Sollten Sie das gerügte Verhalten gleichwohl fortsetzen, würde ich dies zum Anlass für eine fristlose Kündigung des Mietverhältnisses nehmen.
Mit freundlichen Grüßen
Dr. Max Muster

Abmahnung wegen nächtlicher Ruhestörung

Sehr geehrte Frau Muster,
sehr geehrter Herr Muster,
am Samstag, den ... haben Sie nachts gegen 23.00 Uhr begonnen, laut lärmend zu hämmern und zu poltern. Dies dauerte bis gegen 2.00 Uhr morgens an. Dann begannen Sie ganz offensichtlich, mit einer Bohrmaschine Löcher in die Wand zu bohren. Von dem Lärm wurden alle Bewohner des Hauses aufgeweckt. Die anderen Mitmieter haben sich deshalb bereits bei uns beschwert.
Obwohl wir Sie noch am selben Abend aufgefordert haben, den Lärm einzustellen, herrschte erst nach 2.30 Uhr morgens wieder Ruhe.
Wir machen Sie darauf aufmerksam, dass Sie verpflichtet sind, auf die anderen Mitbewohner im Hause Rücksicht zu nehmen und insbesondere die Nachtruhe nicht durch derartigen Lärm zu stören. Weitere derartige Vertragsverletzungen werden wir auch im Interesse der anderen Hausbewohner nicht dulden und dann das Mietverhältnis mit Ihnen beenden. Wir hoffen jedoch, dass dies nicht notwendig sein wird.
Mit freundlichen Grüßen
Helga und Peter Mustermann

Abmahnung wegen Weitervermietung

Sehr geehrte Frau Muster,
sehr geehrter Herr Muster,
mit Mietvertrag vom ... habe ich Ihnen meine Wohnung zur alleinigen Nutzung durch Sie selbst vermietet. Nunmehr haben mir sowohl der Hausmeister als auch Mitbewohner des Hauses mitgeteilt, dass Sie einen Teil Ihrer Mieträume weitervermietet haben. Leider geschah diese Weitervermietung ohne mein Wissen und mein Einverständnis.
Ich darf Sie darauf hinweisen, dass diese Untervermietung einen groben Verstoß gegen Ihre mietvertraglichen Pflichten darstellt und nicht zulässig ist. Ich bin auch nicht bereit, dieser Untervermietung im Nachhinein zuzustimmen.
Es ist darüber hinaus auch nicht erkennbar, dass Sie gem. § 553 Abs. 2 BGB neu ein berechtigtes Interesse daran haben, einen Teil Ihrer Wohnung weiterzuvermieten. Sofern Sie wider Erwarten besondere Gründe für die Untervermietung anführen können, bitte ich Sie, mir diese unverzüglich mitzuteilen.
Bei der gegebenen Sachlage muss ich Sie deshalb auffordern, unverzüglich, spätestens jedoch bis zum ..., die unerlaubte und grob vertragswidrige Untervermietung zu beenden.
Ich darf Ihnen bereits jetzt ankündigen, dass ich mich nach Ablauf der vorgenannten Frist vergewissern werde, ob Sie meiner Aufforderung nachgekommen sind.
Sollten Sie die vertragswidrige Untervermietung innerhalb der gesetzten Frist nicht beenden, würde ich mich zu meinem Bedauern leider gezwungen sehen, Ihnen das Mietverhältnis wegen unbefugter Gebrauchsüberlassung der Mietsache an Dritte gem. § 543 Abs. 2 Satz 1 Nr. 2 BGB neu fristlos zu kündigen.
Mit freundlichen Grüßen
Peter Mustermann

Abmahnung wegen unpünktlicher Mietzahlung

Mietobjekt: Musterstr. 5, 99999 Musterstadt
Mietvertrag vom: 01.11.1999
Unpünktliche Mietzahlung
Sehr geehrter Herr Muster,
seit mehr als sechs Monaten zahlen Sie leider die Miete unpünktlich. Ich bin damit nicht einverstanden und werde ein solches Verhalten

nicht länger dulden. Für den Wiederholungsfall drohe ich Ihnen mit einer fristlosen Kündigung.

Wenn die Miete in der Vergangenheit sechsmal unpünktlich bezahlt wurde, wird ein Kündigungsrecht nach gängiger Rechtssprechung anerkannt.

Mit besten Grüßen

Dr. Johann Mustermann

Kündigung

Mietverhältnis – Fristlose Kündigung

Sehr geehrter Herr Muster,

leider muss ich feststellen, dass Sie mit mehr als zwei aufeinander folgenden Mietzinsraten in Verzug sind. Ich kündige daher das zwischen uns bestehende Mietverhältnis über die Wohnung *(genaue Bezeichnung)* fristlos. Die Mieträume haben Sie bis spätestens … geräumt an mich herauszugeben.

Der stillschweigenden Verlängerung des Mietverhältnisses bei Fortsetzung des Gebrauchs der Mietsache gemäß § 545 BGB widerspreche ich bereits jetzt.

Mit freundlichen Grüssen

Dr. Max Mustermann

Mietverhältnis – Beseitigung von Einrichtungen und Einbauten

Sehr geehrte Frau Muster,

sehr geehrter Herr Muster,

nach Beendigung unseres Mietvertrags über die in der Musterstraße 12 gelegene Wohnung sind Sie verpflichtet, die von Ihnen vorgenommenen Einrichtungen/Einbauten zu entfernen und den anfänglichen Zustand wiederherzustellen. An einer Übernahme Ihrer Einrichtungen/Einbauten bin ich nicht interessiert.

Eine Pflicht hierzu besteht weder aufgrund unseres Mietvertrags noch aufgrund gesetzlicher Bestimmungen.

Ich fordere Sie deshalb auf, bis spätestens … folgende Einrichtungen/Einbauten unter Wiederherstellung des ursprünglichen Zustands fortzunehmen:

■ *Hier alle zu entfernenden Gegenstände aufzählen (zum Beispiel Teppichboden im Kinderzimmer, Wandverkleidung im Esszimmer, abgehängte Decke im Wohnzimmer)*

Kommen Sie nicht innerhalb der oben genannten Frist Ihrer Verpflichtung nach, lehne ich weitere Leistungen durch Sie ab. Arbeiten, die für die Entfernung der Einbauten und für die Wiederherstellung notwendig sind, werde ich dann auf Ihre Kosten durchführen lassen. Die zu entfernenden Gegenstände werde ich bis auf weiteres einlagern. Die dafür entstehenden Einlagerungskosten gehen ebenfalls zu Ihren Lasten.

Mit freundlichen Grüßen
Peter Mustermann

Modernisierung

Ankündigung einer Modernisierung

Ankündigung von Modernisierungsmaßnahmen

Sehr geehrter Herr Muster,
hiermit kündige ich gem. § 541b Abs.2 BGB Modernisierungsmaßnahmen in der von Ihnen gemieteten Wohnung, Muster Str. 99, 11111 Musterdorf, 6. OG links, an.

Die Arbeiten werden voraussichtlich am 01.08.2003 beginnen und vier Tage in Anspruch nehmen. Mit diesem Schreiben wird die zweimonatige Frist für eine Ankündigung gewahrt.

• *Hinweise auf die neuen Einbauten*
  ■ *Es werden neue Fenster in das Gebäude eingebaut.*
  ■ *In Ihrer Wohnung ist das Austauschen sämtlicher Fenster in Wohn-, Schlaf-, Badezimmer und der Küche geplant.*
  ■ *Dazu müssen die alten Fenster ausgestemmt und die neuen, doppelverglasten Fenster eingebaut werden.*
  ■ *Außerdem werden Verputz- und Malerarbeiten nötig sein.*
  ■ *Die Wohnung wird für Sie in der Zeit nutzbar bleiben.*

Die durch die Umlage der Modernisierungskosten auf Grundlage der Kostenvoranschläge errechnete zu erwartende Mieterhöhung wird € 32,50 pro Monat betragen.

Mit freundlichen Grüßen
Dr. Johannes Mustermann

Mieterhöhung

Ankündigung einer Mieterhöhung

Ankündigung einer Mieterhöhung auf Grund von Modernisierungsmaßnahmen

Sehr geehrter Herr Muster,

Auf Grund der abgeschlossenen Modernisierungsmaßnahmen kündige ich hiermit gem. § 3 MHG eine Mietpreiserhöhung für die von Ihnen angemietete Wohnung, Musterstr. 11, 99999 Musterstadt, 6. OG links, zum 01.10.2003 an. Damit werden die tatsächlich angefallenen Baukosten auf die Jahresmiete umgelegt.

Angefallene Kosten im Einzelnen:

Materialkosten der Fenster (Doppelverglasung)	€ 4.500,–
Sonstige Materialkosten (Klebeschaum, Farbe, Putz)	€ 250,–
Handwerker (Ausbau und Einbau der Fenster,	€ 1.300,–
Malerarbeiten, Verputzarbeiten):	

Berechnung der 11% Umlage:

Bisherige Miete:	€ 220,–
Gesamtkosten aller Arbeiten:	€ 6.050,–
davon Instandsetzungsarbeiten:	€ 2.000,–
davon öffentliche Fördermittel:	€ 1.500,–
Berechnungsgrundlage für neue Miete:	€ 4.550,–
11% davon (= Umlage auf Jahresmiete)	€ 550,–
monatliche Mieterhöhung (=Umlage ÷ 12):	€ 45,83
neue Miete	**€ 265,83**

Es besteht die Möglichkeit, die Originalrechnungen bei mir einzusehen. Sollten Sie dies wünschen, setzen Sie sich bitte mit mir so bald wie möglich in Verbindung.

Mit freundlichen Grüßen

Dr. Max Mustermann

Untervermietung

Untervermietung – Erlaubnis

Sehr geehrte Frau Muster,
sehr geehrter Herr Muster,
mit Schreiben vom ... haben Sie mir mitgeteilt, dass Sie einen Raum Ihrer Wohnung sowie den Autostellplatz im Hof untervermieten möchten.

Aufgrund der in Ihrem oben genannten Schreiben aufgeführten Gründe stimme ich einer Untervermietung unter folgenden Bedingungen zu:

1. Die Erlaubnis gilt nur für die in Ihrem Schreiben genannte Person Herrn/Frau ... und nur für einen Raum und den Stellplatz. Sie, kann widerrufen werden, wenn es zu einer Störung des Hausfriedens kommt.
2. Aufgrund der von Ihnen angegebenen Gründe wird die Erlaubnis befristet bis zum ...
3. Sie verpflichten sich, keine höhere Miete pro qm zu verlangen, als Sie selbst an mich zahlen.
4. Für die Dauer der Untervermietung wird ein Untermietzuschlag in Höhe von ... Euro vereinbart.
5. Sie verpflichten sich, das Untermietverhältnis spätestens zum Ablauf der Befristung zu beenden. Sollte das Untermietverhältnis bereits zu einem früheren Zeitpunkt beendet werden, ist eine erneute Zustimmung meinerseits zu einer weiteren Untervermietung notwendig.

Zum Zweck Ihres Einverständnisses bitte ich um Gegenzeichnung und Rückgabe der beigefügten Mehrfertigung dieses Schreibens bis zum ...

Sollte mir bis zu dem vorgenannten Zeitpunkt Ihr Einverständnis nicht vorliegen, bitte ich Sie, das Untermietverhältnis innerhalb von weiteren vier Wochen zu beenden.

Mit freundlichen Grüßen
Peter Mustermann

Untervermietung – keine Erlaubnis

Sehr geehrte Frau Muster,
sehr geehrter Herr Muster,
mit Schreiben vom ... haben Sie mir mitgeteilt, dass Sie einige Räume Ihrer Wohnung untervermieten möchten.

Hierzu möchte ich Ihnen mitteilen, dass ich die von Ihnen hierzu erbetene Zustimmung nicht erteilen kann.

Nach § 553 Abs. 2 BGB neu bin ich aus den dort genannten Gründen berechtigt, mein Einverständnis zur Untervermietung zu verweigern.

Hierauf berufe ich mich wie folgt:

Beispiele für Begründungen

1. *Der von Ihnen vorgetragene Bedarf zur Untervermietung bestand bereits bei Abschluss des Mietvertrags. Nur bei einem nachträglich entstandenen Interesse bin ich gesetzlich verpflichtet, der von Ihnen erbetenen Untervermietung zuzustimmen.*

2. *Im Gegensatz zu den von Ihnen gemachten Angaben halte ich den vorgeschlagenen Untermieter nicht für zuverlässig. Meines Wissens nach wurde ihm sein bisheriges Mietverhältnis wegen wiederholter erheblicher Störungen des Hausfriedens fristlos gekündigt. Deshalb besteht die Besorgnis meinerseits, dass er dieses Verhalten auch künftig fortsetzen wird.*

3. *Sie haben mich bisher nicht davon in Kenntnis gesetzt, welche Person Sie konkret als Ihren Untermieter vorgesehen haben. Ich bitte Sie um Verständnis dafür, dass ich eine generelle, nicht personenbezogene Zustimmung zur teilweisen Untervermietung nicht erteilen werde. Ausdrücklich und von vornherein ausschließen möchte ich damit jedoch nicht meine grundsätzliche Zustimmung zu einer von Ihnen gewünschten Untervermietung.*

Mit freundlichen Grüßen
Peter Mustermann

Tierhaltung

Tierhaltung – keine Erlaubnis

Sehr geehrte Frau Muster,
sehr geehrter Herr Muster,
nachdem ich alle Aspekte abgewogen und insbesondere auch die Interessen der Mitbewohner des Hauses berücksichtigt habe, kann ich

Ihnen leider nicht erlauben, das gewünschte Tier in den Mieträumen zu halten.

Zum einen gehört die Tierhaltung meines Erachtens nicht mehr zum vertragsgemäßen Gebrauch der Mietsache. Zum anderen beruht meine Ablehnung auf folgenden Überlegungen:

Erfahrungsgemäß sind beachtliche Störungen bei der Hundehaltung in einer Wohnanlage nicht auszuschließen. Es besteht zum Beispiel die Möglichkeit, dass Mitbewohner durch wiederholtes Bellen gestört werden. Auch besteht die Gefahr, dass hauseigene Grünanlagen verunreinigt werden. Da diese auch von Kindern zum Spielen benutzt werden, muss wegen der Gesundheitsgefahr sichergestellt werden, dass sie nicht durch Hundekot verschmutzt werden.

Da ich auch zu einer Gleichbehandlung aller Mieter verpflichtet bin, kann ich bedauerlicherweise Ihnen gegenüber keine Ausnahme machen.

(Bei Bullterriern können Sie darauf verweisen, dass diese häufig Menschen anfallen und verletzen. Dies obwohl die Halter versichert haben, dass sich gerade der von Ihnen ausgesuchte Hund nicht aggressiv verhält. Die Eigenschaften dieser Hunderasse allein stellen schon eine potenzielle Gefahr für die Mitbewohner des Hauses dar.)

Demgegenüber sind die von Ihnen vorgetragenen Gründe für die Hundehaltung nicht so gewichtig, dass Sie gegenüber den bereits geschilderten Gefahren überwiegen.

Mit freundlichen Grüßen
Peter Mustermann

Entgegennahme einer Mängelanzeige

Mietverhältnis – Entgegennahme einer Mängelanzeige

Ihr Schreiben vom 28. April 2003

Sehr geehrter Herr Muster,

vielen Dank für Ihren Brief. Es war gut, dass Sie sich sofort bei mir gemeldet haben.

Ich habe das Dachdecker-Unternehmen F. Schneider am 4. April 2003 mit der Reparatur Ihres Flachdachs beauftragt. Herr Schneider sicherte mir zu, sich für die Terminvereinbarung umgehend mit Ihnen in Verbindung zu setzen. Bis Freitag, 14. April 2003, sollte die Reparatur ausgeführt sein. Die Bestürzung war groß, als ich nach meiner Rückkehr aus einem dreiwöchigen Urlaub feststellen musste; Nichts war geschehen. Die von Ihnen vollzogene Mietminderung über 125 € für den Monat April akzeptiere ich. Es ist Ihnen nicht zuzumuten, mit vier Tropfstellen im Wohnzimmer zu leben.

Ihren Ärger kann ich ohne Einschränkung verstehen. Und: Unser Interesse ist das gleiche – das Dach muss dicht sein.

Heute habe ich Herrn Schneider telefonisch eine Frist gesetzt. Sollte er sich nicht bei Ihnen gemeldet haben, wenn Sie diese Zeilen lesen, bitte ich Sie, mich umgehend unter (01111) 12345 anzurufen. Ich werde dann ein anderes Unternehmen beauftragen. Dass dies bisher nicht geschehen ist, liegt ausschließlich an der Qualitätsarbeit von Herrn Schneider, die – anders als seine Termintreue – bisher über jeden Zweifel erhaben war.

Ich hoffe, dies war in Ihrem Sinne, und ich wünsche mir, dass wir auch in Zukunft unser sonst so gutes Mietverhältnis aufrechterhalten.

Für heute grüßt Sie freundlich

Dr. Max Mustermann

Kapitel 7

Musterbriefe in Sachen Nachbarschaft

Streitigkeiten zwischen Nachbarn sind gang und gäbe. Schon Schiller schrieb in seinem »Wilhelm Tell«, dass »… der Frömmste nicht in Frieden bleiben könne, wenn es dem bösen Nachbar nicht gefällt«. Gerade im Umgang miteinander gilt: Der Ton macht die Musik. Sie sollten je nach Situation entscheiden, wie Sie vorgehen: Oft ist ein kleines Augenzwinkern erfolgreicher als die sachliche »Beschwerde« oder gar ein bitterböser Brief. Bedenken Sie stets: Sie müssen mit Ihren Nachbarn auskommen – oder wegziehen. Im Folgenden finden Sie Musterbriefe zu den Themen

- Ruhestörung
- Belästigung durch Gerüche
- Müllbeseitigung
- Beschwerden beim Vermieter über die Nachbarn

Ruhestörung

Ruhestörung laute Feier – Bitte um Rücksicht

Sehr geehrte Familie Mustermann,
gestern Abend wurde in Ihrer Wohnung (Haus/Garten) eine Party gefeiert, die sich ziemlich fröhlich und ausgelassen entwickelt hat, was wir Ihnen und Ihren Bekannten auch von Herzen gegönnt haben. Leider war uns aber nicht so fröhlich zumute, weil sich die Party bis 3.00 Uhr nachts hinzog und wir (und sicherlich auch andere Nach-

barn) um die Nachtruhe gebracht wurden. Genauso, wie Sie es sicherlich verdient haben, ab und zu mal so richtig fröhlich zu sein, haben wir es verdient, nachts nicht gestört zu werden. Wir sind sicher, dass Sie heute, wenn das große Aufräumen beginnt, genauso darüber denken wie wir. Wir haben darauf verzichtet, nach 22.00 Uhr die Polizei zu rufen und sozusagen von Amts wegen eine Herabsetzung der Lautstärke zu bewirken. In der Regel regt das die Gemüter unnötig auf und beeinträchtigt auch das bisher gute Klima in unserer Nachbarschaft.

Wir führen keine Strichlisten über Partys und Feste in unserer Nachbarschaft, aber in unserer Erinnerung war es schon die zweite oder dritte Veranstaltung innerhalb kurzer Zeit, bei der es hoch her ging. Bitte nehmen Sie für das nächste Mal etwas mehr Rücksicht.

Mit freundlichem Gruß
Familie Muster

Andauernde Ruhestörung

Sehr geehrte Frau Muster, sehr geehrter Herr Muster,
seit Sie vor sechs Monaten in dieses Haus eingezogen sind, hat es regelmäßig Anlass zu Beschwerden gegeben. Mindestens einmal pro Woche mussten wir oder andere Nachbarn spät in der Nacht bei Ihnen ruhestörende Lärmbelästigung abmahnen. Da Sie trotz aller Gesprächsversuche offenbar keine Einsicht zeigen und sich über die Interessen der Hausgemeinschaft hinwegsetzen, wähle ich ab sofort den Schriftweg, um Sie auf Verstöße gegen die Hausordnung und gegen die Gebote guter Nachbarschaft aufmerksam zu machen.
Seit etwa einer Woche haben Sie in einem Zimmer, das eine gemeinsame Wand mit unserem Schlafzimmer hat, ein Keyboard aufgestellt und benutzen es bevorzugt nach Mitternacht. Dabei ist die Lautstärke so extrem, dass während Ihres nächtlichen Spiels nicht an Schlaf zu denken ist. Ich fordere Sie hiermit auf:

- Ihr Keyboard auf Zimmerlautstärke einzustellen und
- Ihre Übungszeiten nicht in die Zeit zwischen 22.00 Uhr und 7.00 Uhr zu legen.

Ich bitte Sie nachdrücklich um Ihre nachbarschaftliche Kooperation.
Mit freundlichen Grüßen
Katrin Mustermann
PS: Eine Kopie dieses Schreibens werde ich an die Hausverwaltung schicken.

Belästigung durch Gerüche

Geruchsbelästigung durch Grillen

Sehr geehrte Familie Mustermann,
wahrscheinlich ist Ihnen gar nicht bewusst, dass Ihr häufiges Grillen
für uns als Ihre Nachbarn eine ziemliche Belästigung darstellt,
denn der Wind trägt den Rauch und den Geruch auf unseren Balkon.
Das macht einem fünf oder zehn Minuten vielleicht nicht viel aus,
aber wenn das Grillen eine Stunde oder länger andauert, dann wird
einem doch der Aufenthalt auf dem eigenen Balkon vergällt. Ihnen
würde es doch sicher auch nicht gefallen, wenn Ihre Nachbarn
Sie einräuchern würden.
Deshalb möchten wir Sie in aller Freundschaft bitten, Ihren Grill so
aufzustellen, dass die Schwaden nicht zu uns herüberwehen. Sollte
der Wind Ihnen und uns einmal nicht den Gefallen tun, in die richtige
Richtung zu wehen, dann ist es sicherlich nicht tragisch, auch ein-
mal auf das Grillen im Freien zu verzichten und Ihre Mahlzeit in der
Küche zuzubereiten.
Wir danken für Ihr Verständnis und sind
Mit freundlichem Gruß
Familie Muster

Müllbeseitigung

Müllentsorgung

Sehr geehrte Frau Muster,
sehr geehrter Herr Muster,
Sie wundern sich, warum wir Ihnen schreiben? Nun, die Erklärung ist
einfach: Wir sind tief verärgert über Ihre Müllentsorgung. Und alle
Gespräche mit Ihnen haben bisher nicht gefruchtet.
Sie haben uns Ende vergangenen Jahres erklärt, für Ihre Familie
reiche der wöchentliche Wechsel zwischen »grüner« und »normaler«
Tonne aus. Die Begründung war, dass Sie Ihren Kindern frühzeitig
umweltbewusstes Handeln beibringen und deshalb Müll vermeiden
wollten.
Diesen lobenswerten Vorsatz setzen Sie jedoch nicht in die Praxis um.
Als Sie uns in den ersten Wochen fragten, ob Sie vor allem unsere

Restmülltonne nochmals mitbenutzen könnten, hatten wir nichts dagegen. Leider ist diese »Ausnahme« mittlerweile zur Regel geworden. Wir selbst finden kaum mehr Platz für unseren Müll, weil Sie regelmäßig – mittlerweile ohne zu fragen – unsere Mülltonnen mitbenutzen. Oft lassen sich die Deckel kaum mehr schließen. Das ist besonders wegen der Geruchsbelästigung sehr unangenehm.

Sie werden sicher Verständnis dafür haben, dass wir nicht bereit sind, auf Dauer Ihre Müllentsorgung mitzufinanzieren. Wir bitten Sie deshalb, Ihren Haus- und Restmüll nicht mehr in unseren Tonnen zu entsorgen. Dieser Brief verdeutlicht Ihnen hoffentlich, wie belastend wir die Situation mittlerweile finden und dass uns sehr daran gelegen ist, das bislang gute nachbarschaftliche Verhältnis zu erhalten.

Wir bitten Sie dabei um Ihre Mithilfe!

Im Namen der Familie grüßt Sie von Haus zu Haus

Familie Mustermann

Beschwerden beim Vermieter über die Nachbarn

Ruhestörung – Beschwerde beim Hausherrn

Beschwerde über Lärmbelästigung

Sehr geehrter Herr Muster,

seit ein paar Wochen hat der Mieter unter mir eine neue Stereoanlage, die er den ganzen Tag so laut anstellt, dass ich überhaupt nicht mehr zur Ruhe komme. Ich möchte mich über das Verhalten dieses Mieters beschweren. Gleichzeitig bitte ich Sie zu überprüfen, ob die erhebliche Lärmbelästigung nicht auch daher kommt, dass zwischen den beiden Wohnungen irgendwelche Schallbrücken vorhanden sind.

Durch die Lärmbelästigung ist der Wohnwert meiner Wohnung so eingeschränkt, dass ich mir vorbehalte, den Mietzins um 20 Prozent zu mindern.

Mit freundlichem Gruß

Johann Mustermann

Beleidigung – Beschwerde beim Hausherrn

Mietobjekt: Musterstr. 3, 11111 Musterdorf

Sehr geehrter Herr Muster,

wir wohnen seit fast zwei Jahren in dem oben genannten Mietobjekt. Vor drei Monaten ist die Familie Musterle in das erste Stockwerk gezogen und es kommt nun täglich zu persönlichen Beleidigungen, die vereinzelt sogar in tätliche Angriffe uns gegenüber ausgeartet sind.

Anbei finden Sie Kopien von unterschriebenen Aussagen anderer Mitmieter, die unsere Ausführungen bestätigen.

Wir fordern Sie als Vermieter auf, sofort hiergegen einzuschreiten, da Sie für den normalen Wohngebrauch verantwortlich sind. Wir behalten uns vor, bis zur Beendigung der Beeinträchtigung durch die Mitmieter den Mietzins um 20 Prozent zu mindern. Sollte die Situation im Hause noch unerträglicher werden, behalten wir uns vor, das Mietverhältnis fristlos zu kündigen.

Mit besten Grüßen

Johann Mustermann

Kapitel 8:

Musterbriefe im Arbeitsleben

Nicht nur Bewerbungen werden in diesem Kapitel angesprochen – auch wenn sie den weitaus größten Teil ausmachen. Arbeitsleben heißt jedoch auch, sich mit Abmahnung und Kündigung zu befassen, sich für gute Zusammenarbeit zu bedanken oder den Empfang eines beruflich bedingten Schreibens zu bestätigen. Sie finden daher bei den Musterbriefen auch Vorschläge zu diesen Themen. Wichtiger allerdings ist für die meisten Leser wohl das Schreiben einer Bewerbung.

Die Bewerbung

In den meisten Fällen ist Ihr Anschreiben das Erste, was ein Personalchef liest. Der Bewerbungsbrief ist also Ihr Aushängeschild – neben der Bewerbungsmappe (auf die ich hier nicht näher eingehen möchte, genauere Informationen dazu finden Sie in dem Heynebuch »Die optimale Bewerbung« von Thomas R. Schmidt). Gerade deshalb muss dieser Brief gut durchdacht, sorgfältig formuliert und perfekt in der Form sein. Und vergessen Sie bitte nie: Ein Personalchef liest tagtäglich vielleicht Hunderte von Bewerbungsschreiben – die meisten sicher im 08/15-Stil verfasst. Heben Sie sich davon ab. Und merken Sie sich als wichtigsten Punkt: In der Kürze liegt die Würze! Kein Personalchef möchte einen seitenlangen Roman lesen, sondern auf den ersten Blick erkennen können: Dieser Bewerber kommt für unsere Firma in Frage! Haben Sie Mut zur

Knappheit, verkünsteln Sie sich nicht. Bleiben Sie dabei in Ihrer Sprache, basteln Sie keine extra hingebogenen Sätze. Das wird nämlich spätestens beim Vorstellungsgespräch leicht durchschaubar. Und so gliedert sich ein gutes Bewerbungsschreiben:

- **In der Betreffzeile** vermeiden Sie allzu trockene Aussagen wie »Ihr Stellengesuch in der … Zeitung vom …«.
  - Selbstbewusster und damit ansprechender ist es, in der Betreffzeile bereits für sich zu werben – indem Sie etwa ein Schlüsselwort aus der Anzeige als Aufhänger nehmen.
  - Das klassische Gegenstück ist eine Zeile wie »Bewerbung um die Stelle als Anzeigenleiter« – das ist nicht falsch, klingt aber eben etwas konservativer. Beachten Sie bitte: Es kommt immer auf die Stelle an, um die man sich bewirbt.
- **In den ersten beiden Sätzen** versuchen Sie ein Band zum Ansprechpartner zu knüpfen.
  - Beispiel: »Über Ihre Stellenanzeige in der … Zeitung vom 22. Mai 2003 habe ich mich sehr gefreut. Denn Sie beschreiben genau die Stelle, die ich suche.«
  - Oft schalten Unternehmen mehrere Stellengesuche gleichzeitig. Machen Sie es dem Empfänger leicht zu erfassen, auf welche Anzeige Sie sich melden.
  - Vermeiden Sie zögerliche Formulierungen. Also nicht »Ich werde … voraussichtlich beenden«, sondern besser: »Ich werde … beenden«. Nicht: »Ich möchte mich bewerben«, sondern »Ich bewerbe mich«.
- **Im Hauptteil** beantworten Sie diese beiden Fragen:
  - Was ist gefordert – was kann ich bieten? Das Unternehmen möchte wissen, warum es gerade Sie einstellen soll. Zeigen Sie, dass Sie die ideale Besetzung sind.
  - Verwenden Sie einen konkreten, präzisen und klaren Sprachstil und vermeiden Sie lange, umständliche Sätze und Wiederholungen.
  - Wählen Sie positive Formulierungen, zum Beispiel »interdisziplinäre Zusammenarbeit ist mir vertraut« anstatt »… ist

mir nicht fremd«. Oder »ein Umzug nach Westfalen wäre mir angenehm« anstatt »gegen einen Umzug nach Westfalen hätte ich nichts einzuwenden«.

▧ Verwenden Sie Adjektive: Sie machen das Anschreiben bunter, persönlicher, origineller und heben es aus der Masse heraus.

• **Im letzten Absatz** formulieren Sie Ihren Wunsch, sich persönlich vorzustellen.

▧ Beispiel: »Zu einem persönlichen Gespräch stehe ich Ihnen gerne zur Verfügung und freue mich über Ihre Einladung«. In der Grußformel verwenden Sie in der Regel »Mit freundlichen Grüßen«.

▧ Benutzen Sie keine Konjunktive wie »ich würde gerne«, sondern »Ich freue mich …«.

Ein Widerspruch in sich: das formlose Schreiben in DIN-Norm

In vielen Stellenanzeigen finden Sie den Hinweis »erbitten wir Ihr formloses Schreiben …«. Dieser Hinweis bedeutet nicht, dass Sie hier keinerlei Form wahren müssen. Ganz im Gegenteil: Auch für das formlose Schreiben sind die Regeln für Maschinenschreiben zu beachten, über die Sie Genaueres in Kapitel 9 erfahren. Da Ihr Bewerbungsschreiben das Erste ist, was dem Stellenanbieter von Ihrer Person ins Auge fällt, sollte es auch einen guten Eindruck machen.

• Der äußere Rahmen muss stimmen: Das Papier im DIN A 4-Format sollte von guter Qualität sein, reinweiß, ungelocht und unliniert, am besten 80-Gramm-Papier. Wenn Sie einen eigenen Briefbogen haben, der nicht allzu privat wirkt, können Sie diesen verwenden.

• Ihr Bewerbungsschreiben ist mit der elektrischen Schreibmaschine oder – noch besser! – dem PC verfasst.

• Sie schreiben im Abstand von 1 ½ Zeilen und das Papier ist natürlich nur einseitig bedruckt.

- Sie hüten sich bitte vor Blocksatz – auch wenn Sie das noch so schick finden. Texte in Blocksatz lassen sich schlecht lesen.

- Rechtschreibung und Zeichensetzung müssen fehlerlos und perfekt sein! Sie sind darin nicht sicher? Dann lassen Sie den Brief lieber in einem Schreibbüro tippen oder bitten Sie jemanden um Hilfe, der in Orthografie (neue Rechtschreibung!) und Grammatik sattelfest ist.

- Als Umschlag verwenden Sie die Größe C4 – sie entspricht dem DIN A4-Briefbogen. Weiße Umschläge sind teuerer als braune, sehen aber besser aus.

- Die Anschrift schreiben Sie direkt auf den Umschlag – handschriftlich oder aber mit PC oder Schreibmaschine. Vermeiden Sie Aufkleber!

- Achten Sie bitte darauf, dass Ihr Brief ausreichend frankiert ist. Bedenken Sie auch: Der Umschlag ist das Erste, was man von Ihnen in Händen hält. Die Briefmarken sollten also ordentlich aufgeklebt sein.

- Gehen Sie im Stil Ihres Briefes auf die neue Firma ein: Seien Sie sachlich im Ton, wenn es erforderlich ist, werben Sie eher plakativ für Ihre Person, wenn es zum Stil des Unternehmens passt.

- Wiederholen Sie im Text nicht den Betreff oder den Inhalt Ihres Lebenslaufes. Sprechen Sie lieber Ihre Ziele an und gehen Sie auf die gewünschten Anforderungen ein.

- Ihre Gehaltsvorstellungen nennen Sie im Bewerbungsschreiben nur, wenn bereits in der Anzeige danach gefragt wird.

- Teilen Sie mit, ab wann Sie in Ihrem neuen Job antreten können. Vor allem, wenn Sie noch längerfristig vertraglich gebunden sind.

- Normalerweise legen Sie dem Anschreiben einen Hefter mit Klarsichtdeckel (die schon erwähnte Bewerbungsmappe) bei, in dem sich alle Unterlagen mit Ausnahme des Anschreibens befinden.

Die Musterbriefe in diesem Kapitel gliedern sich so auf:

- Bewerbungen auf Stellenanzeigen
- Initiativbewerbungen
- Nachfassen auf eine Bewerbung
- Allgemeine Schreiben innerhalb der Firma: Arbeitsvertrag, Beschwerde, Anmahnung, Bitte um Arbeitszeugnis
- Kündigung
- Lob und Empfehlungen

Bewerbungen auf Stellenanzeigen

Bewerbung auf eine Anzeige – Assistentin der Geschäftsleitung

Sie suchen eine selbstständige Assistentin der Geschäftsführung
Sehr geehrte Frau Muster,
Ihre Anzeige im Musterstädter Tagblatt vom 12. Mai 2003 hat mich sehr angesprochen. Sie suchen eine Assistentin der Geschäftsführung, die selbstständig arbeitet, Organisationstalent besitzt und gerne reist. Damit beschreiben Sie genau die Position, die ich mir als nächsten Schritt in meiner beruflichen Karriereplanung wünsche.
Kurz ein paar Worte zu mir: Meine Ausbildung als Bürokauffrau habe ich vor zweieinhalb Jahren erfolgreich abgeschlossen. Seitdem arbeite ich als Teamassistentin in einer PR-Agentur. Für unsere siebenköpfige Mannschaft koordiniere ich Termine, organisiere Geschäftsreisen und erledige die Korrespondenz. Neben der Textverarbeitung an PC und Mac beherrsche ich auch Tabellenkalkulationsprogramme und erstelle Präsentationen in PowerPoint. Außerdem spreche und schreibe ich fließend Englisch.
Obwohl mir meine Arbeit in der Agentur sehr viel Spaß macht, möchte ich mich nun beruflich weiterentwickeln und mich neuen Herausforderungen stellen. Meine Gehaltsvorstellung liegt bei 31.000,- Euro im Jahr. Eine neue Stelle könnte ich frühestens am 01. August 2003 antreten.
Wenn Sie sich vorstellen können, dass ich zu Ihrem Unternehmen passe, freue ich mich über die Einladung zu einem persönlichen Gespräch.
Mit freundlichen Grüßen
Michelle Mustermann

Bewerbung auf eine Anzeige – Kundenberatung Reisebüro

Sie brauchen Unterstützung in Ihrem Team?

Sehr geehrter Herr Mustermann,

Sie suchen einen Mitarbeiter für die Beratung Ihrer Kunden. Lernen Sie mich als jungen und aktiven Betriebswirt kennen.

Durch mein erfolgreich abgeschlossenes Fachstudium mit dem Schwerpunkt Touristik und meiner Ausbildung zum Reiseverkehrskaufmann bringe ich fundierte Kenntnisse über die Reisebranche mit. Bei Ihnen möchte ich diese einsetzen und erweitern.

Dank eines einjährigen Aufenthaltes in London, eines Austauschjahres in den USA und des Besuches zahlreicher EDV-Seminare verfüge ich über gute Kenntnisse der englischen Sprache sowie ein gutes Wissen im Umgang mit dem PC und hier vor allem dem Programm MS Excel.

Kundenorientiertes Arbeiten sowie ein hohes Maß an Flexibilität, Belastbarkeit und Organisationstalent konnte ich schon während meiner Tätigkeit für die Firma Reiselust in Musterstadt unter Beweis stellen.

Ich bin sicher, dass ich Ihnen durch meine erworbenen Fähigkeiten und Kenntnisse eine engagierte Mitarbeit biete.

Auf ein persönliches Gespräch mit Ihnen freue ich mich. Wann lernen wir uns kennen?

Mit freundlichen Grüßen

Martin Muster

Bewerbung auf eine Anzeige – Phonotypistin

Ihre Anzeige in der Frankfurter Rundschau vom 07.07.2003
»Qualifizierte Phonotypistin mit PC-Erfahrung gesucht«

Sehr geehrte Damen und Herren,

ich beziehe mich auf Ihre Stellenanzeige und bewerbe mich für die zu besetzende Stelle als Phonotypistin mit PC-Erfahrung.

Ich kenne mich mit den gängigen aktuellen PC-Programmen aus, arbeite mit ca. 350 Anschlägen pro Minute und bin sicher in der Rechtschreibung und Zeichensetzung. In den letzten Jahren habe ich regelmäßig an Fortbildungsseminaren teilgenommen, die unter anderem die Organisation eines modernen Sekretariats sowie das selbstständige Ausführen der Korrespondenz vermittelt haben.

Ich freue mich, wenn Sie Interesse an meiner Mitarbeit haben und
stehe gern für ein persönliches Gespräch zur Verfügung.
Mit freundlichen Grüßen
Linda Muster
PS: Ich befinde mich in einem ungekündigten Arbeitsverhältnis und
bitte Sie daher, meine Bewerbung vertraulich zu behandeln.

Bewerbung auf eine Anzeige – leitende Arzthelferin

Ihre Stellenausschreibung für eine Arzthelferin
Sehr geehrter Herr Dr. Mustermann,
mit großem Interesse las ich Ihre Anzeige vom 25.11.2003 im Musterdorfer Tagesanzeiger und bewerbe mich um die Stelle als Lei-
terin Ihres Praxisteams.
Ich bringe 18 Jahre Berufserfahrung als Arzthelferin mit. Die letzten
sechs Jahre habe ich bereits in der Position der Praxisleiterin Erfahrungen gesammelt. Dabei war ich verantwortlich für die Personal-
einteilung, die gesamte Abrechnung sowie für die Ausbildung der
Arzthelferinnen.
Leider wird mein derzeitiger Arbeitgeber seine Praxis aus Altersgrün-
den zum Anfang des nächsten Jahres aufgeben.
Ich freue mich darauf, Sie und Ihre Praxis in einem persönlichen Gespräch näher kennen zu lernen.
Mit freundlichen Grüßen
Martina Muster

Bewerbung auf eine Anzeige – Anwendungsentwickler/in

**Ihre Stellenanzeige »Anwendungsentwickler/in«,
gesehen in DV-Job.de am 10.02.03**
Sehr geehrter Herr Muster,
Sie suchen einen Anwendungsentwickler für Ihren Entwicklungsbe-
reich Business Process Technology. Aufgrund meiner bisherigen Pro-
jekterfahrung hat mich die Möglichkeit zur Mitarbeit an Projekten für
Kunden aus unterschiedlichen Branchen ganz besonders angesprochen. Deshalb bewerbe ich mich auf die ausgeschriebene Stelle.
Nach meinem Wirtschaftsinformatikstudium mit Schwerpunkt Doku-

mentenmanagement realisierte ich als Anwendungsentwickler bei einem Baustoffhändler die Umsetzung eines Pilotprojekts zur elektronischen Archivierung von Lieferscheinen. Hierbei nutzte ich Methoden und Techniken der Aufwandsschätzung, Planung und Steuerung von IT-Projekten.

Während der Programmiertätigkeit arbeitete ich mit objektorientierten Methoden und Werkzeugen. Dabei erwarb ich auch erste Erfahrungen mit Komponenten-Technologien.

Da die in Ihrem Unternehmen in Aussicht gestellten Aufstiegsmöglichkeiten mit meinen eigenen beruflichen Entwicklungswünschen gut übereinstimmen, würde ich mich über die Einladung zu einem Bewerbungsgespräch sehr freuen. Mein frühester Eintrittstermin wäre der 1. Juli 2003.

Mit freundlichen Grüßen
Markus Mustermann

Bewerbung auf eine Anzeige – Redakteur

Ich mag junge Boulevard-Zeitungen!

Sehr geehrte Frau Muster,

Sie suchen einen Sportredakteur. So steht es in der Juni-Ausgabe der Zeitschrift »Der Journalist«. Und ich suche eine Stelle als Sportredakteur bei einer Boulevard-Zeitung. Was steht einer erfolgreichen Zusammenarbeit dann noch im Wege? Sie möchten etwas mehr über mich erfahren? Kein Problem!

Wer ich bin? Das ist schnell erzählt: 24 Jahre jung, die Bundeswehr schon hinter mir, das Studium an der Deutschen Sporthochschule Köln (Sport/Publizistik) mit der Note 1,7 abgeschlossen, tja – und sogar schon das Volontariat beim »Kölner General-Anzeiger« so gut wie beendet.

Jetzt suchen Sie natürlich einen gut ausgebildeten Journalisten, der nicht nur Theoretiker ist. Aber auch das ist kein Problem! Ich habe schon etliche praktische Erfahrungen: einige Beiträge fürs Fernsehen (ZDF-Sport), Bänder für das Radio (WDR) und über mehrere Monate Einsätze bei dpa-Düsseldorf, um mir die notwendige Agentur-Schnelligkeit anzutrainieren. Und natürlich sind meine Artikel auch gedruckt worden – dpa, die WAZ, die WZ, einige Sportzeitschriften und natürlich im Kölner General-Anzeiger. Kopien der Veröffentlichungen schicke ich mit.

So, das war's eigentlich. Weitere Details finden Sie in meinem Lebenslauf, den Zeugnissen und den vier Arbeitsproben. Ich würde mich

freuen, wenn Sie mich bald zu einer Tasse Kaffee – nur mit Milch –
und einem Vorstellungsgespräch einladen.
Freundliche Grüße
Michael Mustermann
PS: Ich mag nicht nur junge Boulevard-Zeitungen, sondern »schreibe
auch gut« und »habe die notwendige Neugier für den Menschen hinter der Leistung ...«

Bewerbung auf eine Anzeige – Dipl.-Ing. Nachrichtentechnik

**Sie suchen einen Diplom-Ingenieur der Nachrichtentechnik mit dem
Schwerpunkt Informationsverarbeitung?**
Sehr geehrte Frau Muster,
wenn Sie diese Position optimal besetzen und einem gut ausgebildeten Diplom-Ingenieur mit ersten Berufserfahrungen eine Chance geben möchten, sollten wir miteinander sprechen. Hier einige Informationen zu meiner Qualifikation.
Von Oktober 1995 bis Dezember 1999 habe ich an der Fachhoch-
schule Köln studiert und das Studium mit dem Abschluss »Diplom-Ingenieur Nachrichtentechnik« mit der Note 1,5 abgeschlossen. Die
Diplomarbeit schrieb ich im Bereich »Regelungstechnik«. Im Rahmen
dieser Arbeit entwickelte ich mit einem Kollegen ein CAE-Paket für
die Analyse, Optimierung und Simulation des dynamischen Verhaltens
digitaler Regelsysteme. Die Arbeit wurde im Rahmen eines For-
schungsprojekts durchgeführt und von Herrn Professor Dr.-Ing. Hel-
mut Musterle betreut.
Nach meinem Studium habe ich acht Monate als Diplom-Ingenieur
bei der Firma Musterland & Co. Energietechnik gearbeitet. Meine Aufgaben: Planung und Durchführung von Versuchen an Lichtwellenlei-
tern. Bis zum 30. Juni 2001 leistete ich meinen Wehrdienst beim
Fernmeldebataillon 123. Auch hier konnte ich wichtige berufliche Erfahrungen sammeln – nicht zuletzt auch auf dem Gebiet kamerad-
schaftlicher Teamarbeit.
Ich freue mich auf Ihre Antwort.
Mit freundlichen Grüßen
Thomas Mustermann

Bewerbung auf eine Anzeige – Filialleiterin

Sie suchen eine Filialleiterin mit Begeisterungsfähigkeit, Engagement und unternehmerischem Denken – das trifft auf mich zu

Sehr geehrte Damen und Herren,

Sie haben Erfolg und Ihr Unternehmen wächst. Ich bin engagiert, habe vielseitige Erfahrungen und suche den Erfolg als Filialleiterin.

Sie möchten mehr über mich wissen? Gern: Ich bin 42 Jahre alt, geschieden und suche eine neue berufliche Herausforderung. Nach meiner kaufmännischen Ausbildung habe ich drei Jahre als Einzelhandelskauffrau für das Modehaus Küpper in Düsseldorf gearbeitet.

Von 1982 bis 1986 habe ich für die Firma »Muster-Damenmoden« zwei Boutiquen in Köln und München geleitet.

1987 lernte ich meinen Mann kennen, der in München drei Boutiquen für junge Damenmode hat. Ich kümmerte mich um den Einkauf, die Distribution und die Leitung der Boutiquen. Ich habe dabei alles gelernt, was man als »unternehmerisches Denken« umschreibt.

Wir waren so erfolgreich, dass wir 1991 zwei weitere Filialen eröffnen konnten. Ohne Engagement, überdurchschnittlichen Einsatz und unternehmerisches Geschick wäre dies nicht möglich gewesen.

Leider auf Kosten unserer Ehe: 2001 ließen mein Mann und ich uns scheiden. Da wir einen Ehevertrag abgeschlossen hatten, bin ich aufgrund des Zugewinn-Prinzips finanziell abgesichert. Daher war ich seit 2001 nicht mehr berufstätig. Jetzt suche ich eine neue Aufgabe, in der ich meine Erfahrungen in einem teamorientierten Arbeitsklima umsetzen kann.

Ich könnte die Leitung Ihrer neuen Filiale in Remscheid ab 1. September 2003 übernehmen. Ein erfolgsorientiertes Einkommen entspricht meinem Engagement und meinem unternehmerischen Denken.

Freundliche Grüße aus Wuppertal

Martine Muster

Bewerbung auf eine Anzeige – Telefonistin

Die Telefonzentrale ist die Visitenkarte Ihres Unternehmens!

Sehr geehrter Herr Mustermann,

Sie möchten Ihr Team zum 1. September 2003 mit einer Telefonistin verstärken. So steht es in Ihrer Anzeige (Musterstädter Tagblatt, 2. Juli 2003). Ich möchte gern dazu beitragen, dass die reibungslose Kommunikation mit Ihren Kundinnen und Kunden jederzeit gewährleistet ist. Da ich bereits in zwei Unternehmen als Telefonistin

gearbeitet habe, verfüge ich über die notwendigen Erfahrungen. Auch mit anderen Büroarbeiten bin ich bestens vertraut. Die Arbeit mit einem PC gehört seit Jahren zu meinem wichtigsten »Handwerkszeug«. Ich beherrsche alle gängigen Textverarbeitungssysteme. Von der Qualität meiner Telefonstimme konnten Sie sich ja bereits in unserem Vorgespräch überzeugen. Da ich seit drei Jahren mit einem Amerikaner verheiratet bin, verfüge ich über sehr gute englische Sprachkenntnisse – sowohl mündlich als auch schriftlich. Ich würde Ihr Team gern ab 1. September 2003 verstärken. Die von Ihnen genannten Sozialleistungen und das Gehalt entsprechen meinen Erwartungen. Entspricht meine Qualifikation auch Ihren Erwartungen? Dann würde ich mich gerne in den nächsten Wochen persönlich vorstellen. Und natürlich auch einmal das Betriebsklima und das Team kennen lernen. Dann steht einer erfolgreichen Zusammenarbeit doch eigentlich nichts mehr im Wege. Oder?
Freundliche Grüße aus Musterstadt
Ludmilla Muster

Initiativbewerbungen

Initiativbewerbung – Ausbildung Bankkaufmann

Bewerbung um einen Ausbildungsplatz
Sehr geehrte Damen und Herren,
ich bewerbe mich bei Ihnen um einen Ausbildungsplatz als Bankkaufmann.
Zurzeit besuche ich das Schiller-Gymnasium in Bonn. Im Mai 2004 mache ich mein Abitur und möchte anschließend mit einer Ausbildung beginnen.
Ich würde gerne den Beruf des Bankkaufmanns ergreifen, weil ich mich sehr für eine kaufmännische Tätigkeit interessiere und Spaß am Umgang mit Zahlen habe. Während eines zweiwöchigen Schulpraktikums konnte ich bereits den Berufsalltag des Bankkaufmanns erleben. Außerdem habe ich mich ausführlich in den Informationsschriften des Arbeitsamtes über die Ausbildung und die Aufgaben eines Bankkaufmanns informiert. Über eine Einladung zu einem persönlichen Vorstellungsgespräch freue ich mich.
Mit freundlichen Grüßen
Martin Muster

Initiativbewerbung – Praktikum

Bewerbung um einen Praktikumplatz als Industriemechaniker (Betriebstechnik)

Sehr geehrter Herr Mustermann,

aus dem Lehrstellenmagazin der Realschule Musterstadt habe ich erfahren, dass Sie für das kommende Frühjahr mehrere Praktikumplätze anbieten.

Hiermit bewerbe ich mich um den Praktikumplatz eines Industriemechanikers Fachrichtung Betriebstechnik.

Zurzeit besuche ich die 9. Klasse der Realschule Musterstadt. Im Unterricht und bei einem Besuch im BIZ (Berufsinformationszentrum) habe ich mich über den Beruf des Industriemechanikers informieren können und dabei festgestellt, dass mich die verlangten Tätigkeiten und Anforderungen interessieren. Ich würde daher gerne das Betriebspraktikum meiner Schule, das vom 26.02.2004 bis zum 10.03.2004 stattfindet, in Ihrem Betrieb absolvieren.

Über eine Zusage würde ich mich sehr freuen.

Mit freundlichen Grüßen

Kevin Muster

Initiativbewerbung – Einkäufer

Einkäufer (Industriekaufmann, 26) sucht neue Aufgabe

Sehr geehrte Frau Mustermann,

ich bin als Industriekaufmann ausgebildet und habe mir in den letzten Jahren gute Kenntnisse im Bereich Materialwirtschaft angeeignet. Seit 1997 bin ich als Einkäufer in einem mittelständischen Industrieunternehmen für den Aufbau und die Weiterentwicklung der Abteilung Materialwirtschaft verantwortlich. Das Einkaufsvolumen beträgt ca. 8 Millionen Euro. Ich bin unter anderem zuständig für die Beschaffung von Farben, Papier, Folien und Büromaterial.

Es ist mir gelungen, die Einkaufspreise kontinuierlich zu senken und ein Bewertungssystem zu entwickeln, mit dessen Hilfe die Lieferantenbeziehungen verbessert werden konnten.

Ich bin gerne Einkäufer, möchte mich aber beruflich verändern, um meine Erfahrungen zu erweitern und mehr Verantwortung zu übernehmen. Ich würde gerne für Ihr Unternehmen arbeiten und würde mich daher freuen, wenn Sie in naher Zukunft eine Position im Einkauf zu besetzen hätten. Zu Ihrer ersten Information schicke ich Ihnen meinen Lebenslauf. Wenn Sie interessiert sind, schicke ich Ihnen gerne

meine vollständigen Unterlagen. Ich stelle mich auch gerne persönlich bei Ihnen vor.
Mit freundlichen Grüßen
Michael Muster

Initiativbewerbung – Mikrobiologin

Sehr geehrte Frau Muster,
als Mikrobiologin mit Doktorat arbeite ich seit vier Jahren in einer leitenden Funktion im Bereich Enzyme bei einer Schweizer Firma.
Ihr Unternehmen hat sich auf dem internationalen Markt einen Namen gemacht und deshalb bewerbe ich mich um eine Stelle in Ihrem Team für Entwicklung und Diagnostik. Meinen beiliegenden Unterlagen können Sie entnehmen, was ich in den vergangenen Jahren zum Thema Enzymforschung veröffentlicht habe.
Gerne würde ich eine mögliche Zusammenarbeit mit Ihnen besprechen und werde mir erlauben, Sie in zehn Tagen anzurufen.
Mit freundlichen Grüßen
Michaela Mustermann

Nachfassen auf eine Bewerbung

Sie sind sicher nicht in den engeren Kreis der Bewerber gekommen, wenn Ihnen Ihre Unterlagen schon innerhalb kurzer Zeit zurückgesandt werden. In diesem Fall erübrigt sich selbstverständlich eine Nachfrage. Hören Sie jedoch ein paar Wochen lang nichts, sollten Sie »nachfassen«: Sie schreiben einen weiteren Brief mit der höflichen Bitte um Auskunft, wie es um Ihre Bewerbung steht. Ein Zwischenbescheid oder eine einfache Bestätigung dafür, dass Ihre Bewerbung eingegangen ist, sollte Ihnen nach etwa ein bis zwei Wochen zugehen. Es kann von Nachteil sein, wenn Sie zu sehr drängen und nochmals bei der Firma anrufen. Behalten Sie die Nerven – mancher Entscheidungsprozess dauert (gerade bei einer großen Firma) etwas länger. Nach drei bis vier Wochen jedoch sollten Sie benachrichtigt werden. Und zu diesem Zeitpunkt ist auch eine telefonische Nachfrage in Ordnung. Haben

Sie nach sechs Wochen noch keine Reaktion – und auch Ihre Unterlagen nicht zurück –, sollten Sie in jedem Fall telefonisch oder auch schriftlich nachfassen.

Nachfassbrief – Bitte um Auskunft

Ihre Anzeige im Musterstädter Tagblatt vom 20.03.2003
Sehr geehrter Herr Muster,
am 22.03.2003 habe ich Ihnen meine Bewerbungsunterlagen zugesandt. Ich bin sicher, gute Arbeit für Sie leisten zu können, da ich in einem ähnlichen Unternehmen eingeführt bin und die erforderlichen Kenntnisse habe.
Teilen Sie mir bitte mit, wann ich mich bei Ihnen vorstellen darf.
Falls der ausgeschriebene Posten bereits besetzt ist, bitte ich um Rücksendung meiner Bewerbungsunterlagen.
Mit freundlichen Grüßen
Manfred Mustermann

Nachfassbrief – Absage und Vormerkung ähnliche Stelle

Erneute Anfrage
Sehr geehrter Herr Muster,
auf meine Bewerbung vom 3. Mai 2003 erhielt ich von Ihnen leider eine abschlägige Antwort.
Ich freue mich jedoch, dass Sie mich für eine ähnliche Stelle vorgemerkt haben. Bitte geben Sie mir Gelegenheit, mich möglichst bald bei Ihnen vorzustellen.
Mit freundlichen Grüßen
Peter Mustermann

Extratipps für die gelungene Bewerbung

Im nächsten Kapitel gehe ich zwar ausführlich auf die DIN-Norm 5008 ein, in der Form und Gestaltung eines offiziellen Briefs geregelt sind. Für das Bewerbungsschreiben gibt es aber ein paar Extratipps, die Sie beherzigen sollten.

Der Absender

Ganz klar: Vor- und Zuname, Straße und Wohnort gehören in den Absender eines Bewerbungsschreibens. Ihren Vornamen sollten Sie dabei ausschreiben – so wirkt Ihr Brief gleich persönlicher.

▓ Geben Sie Ihre private Telefonnummer an. Es ist sinnvoll, zusätzlich Zeiten aufzuführen, zu denen Sie mit hoher Wahrscheinlichkeit telefonisch erreichbar sind. Wenn Sie kein Risiko sehen, die Telefonnummer zu nennen, unter der Sie momentan in Ihrem Job erreichbar sind, führen Sie auch diese auf (ebenfalls mit Zeitangaben Ihrer Erreichbarkeit). Manche Personalchefs oder Abteilungsleiter haben ergänzende Fragen oder greifen zur Vereinbarung des Vorstellungsgespräches einfach zum Hörer. Kommen Sie solchen Chefs entgegen.

▓ Vorsicht mit akademischen Titeln im Absender, denn heute ist ein akademischer Titel nichts Ungewöhnliches mehr. Am besten erwecken Sie gar nicht erst den Eindruck, dass Sie auf Grund dessen eine Sonderbehandlung im Berufsleben haben wollen. Wird in einer Anzeige jedoch zum Beispiel nach einem promovierten Physiker gefragt, werden Sie Ihren Doktortitel natürlich aufführen. Ist hingegen ein »normaler« Chemiker gefragt, könnten Sie paradoxerweise mit der Nennung Ihres Titels bereits im Absender auf eine Überqualifizierung hinweisen.

Die Adresse

Am besten übernehmen Sie die genaue Adressierung aus der Anzeige, auf die Sie sich bewerben. Sind weder Zielperson noch Zielabteilung genannt, sollten Sie sich grundsätzlich telefonisch nach dem Namen des zuständigen Mitarbeiters oder des Personalchefs erkundigen.

Das Wort Firma wird in der Adresse weggelassen, wenn die Gesellschaftsform genannt ist: also AG, GmbH usw.

Man setzt den Namen des Ansprechpartners über die Firmenbezeichnung, also:

Herrn/Frau
evtl. Akademischer Titel, Vor- und Zuname evtl. Position
oder Berufsbezeichnung
Firma
Straße evtl. Postfach
(Leerzeile)
Postleitzahl Ort

Dieser kleine Trick kann Ihnen entscheidend weiterhelfen: Taucht der Name nämlich über der Firmenbezeichnung auf, darf der Brief im Grunde nur von der angeschriebenen Person geöffnet werden. Schreiben Sie den Namen jedoch unter den der Firma, wird der Brief in der Regel in der Poststelle geöffnet.

Sind Zielperson und Abteilung in der Anzeige genannt, müsste über der Firma erscheinen:

Herrn/Frau
Vor- und Zuname
Name der Abteilung
Firma
Straße evtl. Postfach
(Leerzeile)
Postleitzahl Ort

Es gibt ein paar veraltete Formulierungen, die anscheinend nicht auszurotten sind, die Sie aber auf jeden Fall vermeiden sollten:

- z. Hd. oder z.H. (zu Händen)
- i. H. (im Hause)
- i. Fa. (in Firma)
- das internationale c/o (care of)

Die Anrede

Bei kleineren Betrieben wird es der Chef persönlich sein; bei größeren Firmen ist eine Personalabteilung für Bewerbungen zuständig. Wenn in der Stellenanzeige der Zeitung stand: »Richten Sie Ihr Schreiben an Herrn/Frau ...«, dann sollten Sie das auch tun und Ihr Schreiben nicht unpersönlich mit »Sehr geehrte Damen und Herren ...« beginnen. In allen anderen Fällen fragen Sie telefonisch nach dem richtigen Ansprechpartner.

Der Text Ihres Bewerbungsschreibens

Lassen Sie sich bei der Formulierung weder von falscher Bescheidenheit noch von Überheblichkeit leiten. Denn: Sie haben wahrscheinlich nur ein einziges Mal die Chance, Ihrem eventuellen neuen Arbeitgeber mitzuteilen, warum gerade Sie für diese bestimmte Stelle der/die Richtige sind. Beziehungsweise: warum Sie sich gerade auf diese bestimmte Stelle bewerben. Ihr Ziel muss es sein, Ihr Interesse an der ausgeschriebenen Stelle und Ihre Eignung für die Position zu vermitteln. Für beides sind – neben Ihrem Anschreiben – im Wesentlichen die Fakten Ihres Lebenslaufs entscheidend.

Schlüsselqualifikationen

In vielen Anzeigen werden so genannte Schlüsselqualifikationen gefordert. Sie haben mit der eigentlichen Ausbildung für Ihren Beruf wenig zu tun. Denn darunter versteht man bestimmte Persönlichkeitsmerkmale: Durchsetzungsfähigkeit, Einsatzbereitschaft, Entscheidungsstärke, Führungsfähigkeit, Initiative, Kommunikationsfähigkeit, Kooperationsbereitschaft, Problemlösungsfähigkeit, Teamfähigkeit und die Bereitschaft, Verantwortung zu übernehmen. Sie können selbst herausfinden, ob Sie diese Anforderungen erfüllen. Fragen Sie sich:

- Erfülle ich die gestellten Anforderungen und, wenn ja, in welchem Grad?
- Wann und in welchem Zusammenhang habe ich diese Qualifikation schon gebraucht und erkennbar eingesetzt (zum Beispiel in einem Verein, einer Hochschulinstitution, einem Ehrenamt usw.)? Erwähnen Sie solche Einsätze unbedingt in Ihrem Lebenslauf, eventuell sogar im Bewerbungsschreiben.
- Sind diese Schlüsselqualifikationen auch von anderen erkennbar? Wenn nein: wie kann ich meine Stärken besser sichtbar machen?

Vielleicht können Sie im Text Ihres Anschreibens Tätigkeiten unterbringen, bei denen Sie die geforderten Qualifikationen unter Beweis gestellt haben – aber nur, wenn diese Tätigkeiten einen Bezug zur ausgeschriebenen Position haben! Die Mitarbeit im Vorstand des Sportvereins kommt also nur dann in Frage, wenn Sie sich zum Beispiel bei einem Sportverband oder einem Sportartikelhersteller bewerben oder Sie während Ihrer Mitarbeit dort Wesentliches für die zu besetzende Stelle gelernt oder unter Beweis gestellt haben.

Die Initiativbewerbung

Der früher übliche Begriff »Blindbewerbung« ist irreführend. Denn gerade wenn Sie sich bei einer Firma bewerben, ohne dass diese eine Stelle ausgeschrieben hat, dürfen Sie ganz gewiss nicht »blind« vorgehen. Initiative zeigen, selbst tätig werden – das ist mit dem Wort Initiativbewerbung treffender beschrieben. Sie senden unaufgefordert Bewerbungsunterlagen zu, weil Sie sich für ein bestimmtes Unternehmen interessieren und gerne dort arbeiten würden. Das macht diese Form der Bewerbung zu etwas Besonderem – und es ist mit mehreren Vorteilen verbunden:

- Ihre Bewerbung steht in keiner oder nur geringer Konkurrenz.
- Sie demonstrieren Engagement, Initiative und Motivation.
- Sie müssen bei der Formulierung Ihrer Qualitäten nicht die Anforderungen einer Stellenanzeige berücksichtigen, sondern können sich so präsentieren, wie es Ihnen am vorteilhaftesten erscheint.
- Selbst wenn derzeit kein Personalbedarf besteht, wird der Personalverantwortliche – wenn Sie ihn mit Ihrer Bewerbung überzeugt haben – Ihre Bewerbung in der Wiedervorlage belassen.

Das Anschreiben sollte in kurzen und bündigen Sätzen Antwort auf die folgenden fünf Fragen geben:

1. Wer und was sind Sie?
2. Was machen Sie beruflich?
3. Was haben Sie zu bieten?
4. Was suchen Sie konkret?
5. Warum interessieren Sie sich gerade für dieses Unternehmen?

Am besten führen Sie vor jeder Initiativbewerbung ein Telefongespräch mit der Personal- oder auch Fachabteilung des Unternehmens, um den Personalbedarf vorab zu sondieren. Dabei finden Sie sicher auch heraus, wer für Ihre Bewerbung zuständig ist. An den- oder diejenige richten Sie dann Ihr Anschreiben.

Allgemeine Schreiben innerhalb der Firma

Firmenintern – Rücksendung des Arbeitsvertrags

Sehr geehrter Herr Muster,
nun bin ich Mitglied in Ihrem Team! Den unterschriebenen Arbeitsvertrag übersende ich anliegend.
Ich freue mich sehr darauf, den Bereich Krisenkommunikation in Ihrer Agentur aufbauen zu können. Wir sehen uns am 21.06.2006.
Mit freundlichen Grüßen
Martin Mustermann

Firmenintern – Beschwerde über unzumutbare Arbeitsbedingungen

Sehr geehrter Herr Muster,
in unserem Betrieb herrschen unzumutbare Arbeitsbedingungen, über die ich mich hiermit beschweren will. Der Gehweg zur Baumschule ist bei Kälte spiegelglatt, da er direkt an einem Teich entlangläuft. Eine regelmäßige Streuung mit Split findet leider nicht statt. Der glatte Arbeitsweg stellt eine enorme Gefahr für mich und die übrigen Angestellten dar und kann auch nicht umgangen werden.
Weiterhin mache ich darauf aufmerksam, dass sowohl das Tor an der Einfahrt als auch die Schränke im Umkleideraum keine Schlösser mehr aufweisen. Wertsachen müssen daher in einem Rucksack immer mitgenommen werden.
Ich empfehle Ihnen dringend, die vorgenannten Missstände zu beseitigen, da ich mich sonst aufgrund dieser unzumutbaren Arbeitsbedingungen beim Gewerbeaufsichtsamt beschweren werde.
Mit freundlichem Gruß
Eduard Mustermann

Firmenintern – Anmahnung des ausstehenden Gehalts

Sehr geehrter Herr Muster,
seit zwei Monaten habe ich kein Gehalt von Ihnen bekommen. Ihr Verhalten ist ein Bruch unserer vertraglichen Vereinbarung.
Ich fordere Sie auf, mir das noch ausstehende Gehalt bis zum 12.03.2004 zu überweisen. Darüber hinaus erwarte ich, dass Sie mir mein Gehalt in Zukunft pünktlich zum Ende jeden Monats zahlen.
Wenn Sie meinen Forderungen nicht nachkommen, muss ich leider rechtliche Schritte gegen Sie einleiten.
Mit freundlichen Grüßen
Max Mustermann

Firmenintern – Anforderung eines Arbeitszeugnisses

Qualifiziertes Arbeitszeugnis
Sehr geehrte(r) Frau/ Herr Dr. Mustermann,
mit Schreiben vom 12.05.2003 haben Sie mir ein einfaches Zeugnis zugesandt.
Die Pflicht des Arbeitgebers zur Zeugniserteilung nach § 630 BGB erstreckt sich auch auf geringfügig Beschäftige. Danach kann der Arbeitnehmer zwischen einem einfachen oder einem qualifizierten Arbeitszeugnis wählen. In dem qualifizierten Arbeitszeugnis hat der Arbeitgeber die Leistungen und die Führung des Mitarbeiters im Dienste zu beurteilen.
Daher bitte ich Sie mit diesem Schreiben nachdrücklich, mir ein qualifiziertes Arbeitszeugnis auszustellen und zukommen zu lassen.
Mit freundlichen Grüßen
Johann Muster

Kündigung

Kündigung Arbeitsverhältnis, Version 1

Kündigung des Arbeitsverhältnisses
Arbeitsvertrag vom 23.04.1998
Sehr geehrter Herr Dr. Muster,
nach fünf Jahren bei Ihrer Firma suche ich eine neue berufliche
Herausforderung und mache mich selbstständig.
Ich kündige daher mein Arbeitsverhältnis mit Ihnen fristgerecht zum
30.06.2003.
Mit freundlichen Grüßen
Martin Mustermann

Kündigung Arbeitsverhältnis, Version 2

Kündigung des Arbeitsverhältnisses
Sehr geehrte Damen und Herren,
hiermit kündige ich das mit Ihnen bestehende Arbeitsverhältnis
ordentlich zum 30. April 2003.
Für das mir von Ihnen entgegengebrachte Vertrauen bedanke ich
mich.
Mit freundlichen Grüßen
Max Muster

Lob und Empfehlung

Arbeitsleben – Schriftliches Lob

Liebe Frau Muster,
eine Stimme am Telefon kann vieles bewirken: Fröhlichkeit oder
Unmut, Kauffreude oder Ablehnung. Der telefonische Umgang mit
Kundinnen und Kunden gewinnt in vielen Unternehmen zunehmend
an Bedeutung. Kein Wunder, denn es ist weitaus kostengünstiger,
drei Personen aus der Stammkundschaft zu halten als eine neue zu
gewinnen.

Neben Ihrer angenehmen sympathischen Stimme und Ihrer deutlichen Ausdrucksweise stimmt Ihr Verhalten die Anrufenden positiv ein. Man spürt, dass Sie am Telefon »lächeln«. Sie haben verstanden, dass Anrufende uns nicht stören, sondern unsere Arbeit finanzieren.
Durch Ihr Engagement und Ihr Verhalten waren Sie auch ganz eindeutig die Sympathieträgerin auf unserem Messestand.
Das ist ein schriftliches Lob wert.
Vielen Dank!
Dr. Max Mustermann

Arbeitsleben – Empfehlung, Version 1

Lieber Herr Muster,
Empfehlungen unter Clubmitgliedern haftet oftmals der Makel des »Klüngels« an. Da wir uns aber sehr gut kennen, wissen Sie, dass ich eine Referenz nur für eine mir sehr gut bekannte Person aussprechen würde, von der ich uneingeschränkt überzeugt bin.
Bei unserem letzten Golfturnier haben wir über die Förderung junger Menschen gesprochen. Dabei fiel – unter anderem – auch der Name Karsten Musterle. Er hat jetzt sein Hochschulstudium als Diplomkaufmann mit den Schwerpunkten Organisation/Controlling abgeschlossen.
Im Rahmen seiner Praktika hat er in meinem Betrieb Erfahrungen im Bereich Unternehmenssteuerung gesammelt. Diese Praxis zeigt, dass er ausgeprägte Fähigkeiten zu strukturellem und analytischem Denken besitzt. Die operativen und strategischen Aufgaben der Unternehmensplanung sowie die Recherche und Erarbeitung von Marktentwicklungen wären ganz sicher Aufgaben, die seinem Ausbildungsspektrum entsprechen.
Sie bieten Ihren Mitarbeitern die besten Möglichkeiten zur persönlichen Entwicklung: Entfaltungsspielraum, Eigeninitiative und die Übernahme von Verantwortung. Karsten Musterle hat das Potenzial, diese Möglichkeiten in seinem und im Sinne Ihres Unternehmens zu nutzen. Übrigens würde er einem Ortswechsel, beispielsweise zu Ihrem Standort in Berlin, sofort zustimmen.
Ich freue mich auf unsere nächste Golfrunde! Vielleicht können wir dabei über dieses Thema abschließend noch einmal sprechen.
Es grüßt Sie herzlich nach Berlin
Dr. Max Mustermann

Arbeitsleben – Empfehlung, Version 2

Sehr geehrter, lieber Herr Muster,
zum Ende dieses Jahres werde ich in den – wie andere meinen – wohl-
verdienten Ruhestand gehen. In den letzten fünf Jahren hat mich
Frau Susanne Mustermann bei den immer stärker gewachsenen
Unternehmensaktivitäten und den damit zusammenhängenden zahl-
reichen Verbandstätigkeiten als engagierte Assistentin tatkräftig unter-
stützt. Nun neigt sich unsere gemeinsame Zeit dem Ende zu und ich
fühle mich selbstverständlich für ihre berufliche Zukunft verantwortlich.
Bei unserem letzten Treffen erwähnten Sie, dass Sie selbst auf der
Suche nach einer guten »Managerin« Ihres persönlichen Umfeldes
sind, da Frau Musterle aus familiären Gründen ausscheidet. Sie kennen Susanne Mustermann aufgrund unserer geschäftlichen Beziehun-
gen recht gut und können sich über ihre Aufgeschlossenheit, ihr
Taktgefühl und ihre Höflichkeit selbst ein Bild machen. Ich möchte
ergänzend dazu sagen, dass sie eine absolut vertrauenswürdige
und belastbare Mitarbeiterin ist, die ihre Aufgaben mit einem hohen
Maß an Selbstständigkeit und Sorgfalt erledigt.
Oft habe ich mich gefragt, wie sie die häufig wechselnden Anforderungen in einem äußerst lebhaften Arbeitsumfeld wie dem meinen so
mühelos bewältigt. Mit Nachdruck kann ich sagen, dass es ihre guten organisatorischen und konzeptionellen Fähigkeiten sowie ihr aus-
geglichenes Wesen sind, die sie zu einer so wertvollen Assistentin
machen.
Ganz sicher wird Susanne Mustermann auch ohne meine Empfehlung
sofort einen neuen Arbeitsplatz finden. Aber ich möchte Ihnen als
meinem Geschäftsfreund sozusagen einen Vorsprung geben, bevor sie
sich direkt an den Arbeitsmarkt wendet. Ich denke, dass Sie beide
aufgrund Ihrer Persönlichkeiten sehr gut harmonieren würden. Gerne
möchte ich mich einmal mit Ihnen darüber unterhalten.
Bis zu unserem Treffen in der nächsten Woche grüßt Sie herzlich
Dr. Max Mustermann

Kapitel 9

So wird der offizielle Brief perfekt: Die DIN-Norm

Sie wissen schon aus dem ersten Kapitel: Für einen offiziellen Brief gibt es Normen und Vorschriften. Die so genannte DIN-Norm 5008 regelt Format und Layout eines Schreibens. Wenn Sie im kaufmännischen Bereich oder als Schreibkraft in einem Büro arbeiten, werden Sie diese Norm kennen. Als Privatperson sind Ihnen die strikten Normregeln sicher nicht zur Gänze bekannt. Sie müssen sich auch nicht strikt daran halten. Sie sollten allerdings wissen, was die Norm 5008 beinhaltet – und zumindest einige der Vorschriften anwenden.

Wenn es um offizielle Briefe geht, die dann auch gleich »Korrespondenz« heißen, sind viele Menschen unsicher: vor allem wegen der Sprache und wegen des Inhalts, aber auch in Bezug auf die Gestaltung. Jedem dürfte wohl klar sein: Man schreibt einen solch offiziellen Brief nicht auf einem herausgerissenen Blatt eines Spiralblocks, sondern auf glattem weißem Papier. Doch was muss man sonst noch beachten?

Die DIN-Norm

Eines vorab: Wie ein Geschäftsbrief hat auch ein offizielles Schreiben grundsätzlich immer dieselbe Form und dieselben Bestandteile. Man hat sie in den »Regeln für Maschineschreiben« vom Normenausschuss Bürowesen zusammengefasst, und diese wurden entwickelt, um den Schriftverkehr zu vereinfachen und zu rationalisieren. Bei einem offiziellen Brief gilt üblicherweise die so genannte DIN-Norm 5008. In ihr ist festgelegt, wie ein Brief rein optisch zu gestalten ist, welche Abstände einzuhalten sind, welche Leerzeilen, welche Seitenränder. Hier ein Musterbrief (»---« steht jeweils für eine Leerzeile):

Ihr Vorname und Name
Straße Hausnummer   Ort, Datum
Postleitzahl Ort
Telefonnummer

Angabe der Versendungsform (z.B. Einschreiben)

Anrede
Name des Empfängers (evtl. zweizeilig)
Berufsfeld/Abteilung
Straße/Postfach

Postleitzahl Ort

»Betreffzeile« (Das Wort »Betreff« wird nicht geschrieben!)

Anrede

Text, gut mit Absätzen untergliedert
Text, gut mit Absätzen untergliedert
Text, gut mit Absätzen untergliedert
Text, gut mit Absätzen untergliedert

Grußformel

Unterschrift

Anlagen

Als Gelegenheitsschreiber genügt es, wenn Sie die Elemente kennen, aus denen jeder »offizielle« Brief besteht – ganz gleich, ob Sie eine Anfrage stellen oder eine Firma anschreiben, ob Sie etwas reklamieren oder eine Bewerbung abschicken. Diese Elemente sind:

- Ihr Name, eigene Anschrift, Telefon
- Ort, Datum
- Anschrift des Briefempfängers
- Betreff (»worum geht es?«) und Bezug (»woran wird angeknüpft?«)
- Anrede
- Text
- Grußformel
- Unterschrift
- Hinweis auf Anlagen

Die Briefgestaltung

Ein offizieller Brief sollte nicht mit der Hand, sondern stets in Maschinenschrift geschrieben werden – ob mit dem PC oder Schreibmaschine ist im Grunde gleichgültig. Der Computer bietet allerdings stets ein ansprechendes Bild und hat in Bezug auf die Schriftarten, auf die Gestaltung und die Gliederung des Textes eine wesentlich größere Auswahl. Wenn Sie allerdings kaum Schriftverkehr haben, dafür aber über eine gut lesbare Handschrift verfügen, »dürfen« Sie auch ein offizielles Schreiben mit der Hand verfassen. Vor allem viele ältere Menschen tun das. Und wenn es denn lesbar ist – kein Problem. Alle anderen sollten sich von Freunden und Bekannten helfen lassen, die über PC oder Schreibmaschine verfügen. Im »Notfall« gibt es in vielen Gemeinden und Städten außerdem Schreibbüros. Ein Blick auf die Anzeigenseite der örtlichen Tageszeitung oder in die gelben Seiten des Telefonbuchs hilft Ihnen weiter.

Computer oder Schreibmaschine?

Sie meinen, diese Frage stellt sich heute nicht mehr?! Dann füllen Sie mal ein behördliches Formular mit Durchschlägen aus – dabei können Sie einen Tintenstrahl- oder Laserdrucker glatt vergessen. Wohl dem, der einen Nadeldrucker hat – nur sind die etwas aus der Mode gekommen. Fazit: Werfen Sie eine funktionstüchtige Schreibmaschine nicht direkt in die Tonne, wenn der neue Computer mit allem Zubehör gebracht wird – man weiß nie, wofür das treue Stück noch mal gut ist. Selbst wenn man beim Schreiben hofft, dass man sich nur ganz selten vertippt, weil man ja die Fehler auf allen Durchschlägen gleichermaßen verbessern muss.

Schreibmaschine und PC bieten beide ein sauberes Schriftbild. Beim Computer haben Sie zudem den Vorteil, dass Sie Ihr Schreiben erst einmal in Ruhe entwerfen, überarbeiten und gestalten können, bevor Sie die endgültige Form ausdrucken. Drucken Sie immer auf gutem Papier im Format DIN A 4 (210 Millimeter mal 297 Millimeter). Die Qualität des Papiers liegt unter anderem in seiner unterschiedlichen Dicke. Aus optischen und haptischen Gründen sollten Sie hier nicht sparen und zu dünnes Papier verwenden: Als Standard sollten Sie 70 Gramm wählen. Wenn Sie sich im PC einen Briefkopf – also im Prinzip eigenes Briefpapier – gestalten, halten Sie sich ein wenig an das oben stehende Musterlayout. Überladen Sie Ihren Briefkopf nicht mit schönen und kunstvollen, aber schwer lesbaren Schriften und Zierrahmen. Hier nochmals ein Musterbrief, in dem ein Briefkopf mittig angebracht ist:

Vorname und Name
Adresse
Telefonnummer

Postvermerk

Firma/Behörde/Amt
Herr/Frau
Vorname Name
Straße/Postfach

Postleitzahl Ort   Ort, Datum

»Betreffzeile«, z.B. Aktenzeichen, Vorgangsnummer,
Versicherungsnummer

Sehr geehrte/r Frau/Herr/Damen und Herren,

Text, gut mit Absätzen untergliedert
Text, gut mit Absätzen untergliedert
Text, gut mit Absätzen untergliedert
Text, gut mit Absätzen untergliedert

Mit freundlichen Grüßen

Unterzeichner – einmal handschriftliche Unterschrift
Darunter der Name nochmals in Druckbuchstaben

Evtl. Anlagen

Die Anordnung der Briefteile

Der eigentliche Brieftext wird stets einheitlich gestaltet. Dabei gilt:

▓ Sie schreiben mit einzeiligem Abstand.
▓ Sie verwenden eine gut lesbare Schrift mindestens im Schriftgrad 10.
▓ Absätze trennen Sie durch eine Leerzeile.
▓ Absätze rücken Sie nicht ein.

Ausnahmen bestätigen auch beim Briefschreiben – wie so oft – die Regel: Wollen Sie einen Absatz besonders hervorheben, können Sie ihn selbstverständlich einrücken. Und natürlich können Sie auch einen größeren Schriftgrad verwenden, wenn Ihnen das angebracht erscheint. Nur entspricht das dann eben nicht mehr der strengen DIN-Norm.

Die Anschrift

Das Adressfeld hat nach der DIN-Norm stets neun Zeilen.

▓ Zeile 1: der Vermerk über die Sendungsart, Versendungsform und Ähnliches (also zum Beispiel per Einschreiben, per Eilboten)
▓ Zeile 2: eine Leerzeile
▓ Zeile 3: der Empfänger (das können Sie noch einmal aufteilen, indem Sie die Firmenbezeichnung des Empfängers in dieser Zeile schreiben).
▓ Zeile 4: Empfänger – und zwar der Name des Empfängers
▓ Zeile 5: Straße und Hausnummer beziehungsweise Postfach mit Nummer
▓ Zeile 6: eine Leerzeile
▓ Zeile 7: Postleitzahl, Leertaste, Ort, Leertaste, Zustellpostamt;

oder: Auslandskennzeichen, Bindestrich, Postleitzahl, Leer-
taste, Ort, Leertaste, Zustellpostamt
▪ Zeile 8: eine Leerzeile
▪ Zeile 9: eine Leerzeile, eventuell auch die ausgeschriebene
Angabe des Bestimmungslandes, wenn der Brief ins Ausland
geht.

Die Unterstreichung des Ortsnamens fällt weg. Für Briefe ins Ausland (siehe Muster 8) gelten besondere Regeln. Nachstehend sehen Sie praktische Beispiele für die Gestaltung des Adressfeldes
(Leerzeilen sind jeweils mit »---« angezeigt):

Muster Anschrift 1: Der Empfänger wohnt im 3. Stockwerk des
Hauses Nr. 12

```
        ---
        ---
        Frau
        Mathilde Muster
        Musterstraße 12 // III
        ---
        99999 Musterdorf
        ---
        ---
```

Muster Anschrift 2: Der Empfänger wohnt in Wohnung Nr. 23
des Hauses Nr. 12
Eilzustellung

```
        ---
        Herrn
        Thomas Muster
        Musterstraße 12 // W 23
        ---
        99999 Musterdorf
        ---
        ---
```

Muster Anschrift 3: Die Berufsbezeichnung steht stets hinter der
Anrede

Büchersendung

Herrn Rechtsanwalt
Jan Muster
Musterstraße 12

99999 Musterdorf

Muster Anschrift 4: Der akademische Grad steht vor dem Namen

Herrn
Dr. Peter Muster
Musterstraße 12

99999 Musterdorf

Muster Anschrift 5: Der Empfänger ist Untermieter
Einschreiben mit Rückschein

Frau
Maria Muster
bei Müller
Musterstraße 12

99999 Musterdorf

Muster Anschrift 6: Firmenbrief – hier wird die Firma zuerst genannt und der Brief wird geöffnet an den Empfänger weitergereicht

---

Münchner Versicherungs AG
Herrn Manfred Muster
Musterstraße 12

99999 Musterdorf

Muster Anschrift 7: Privatbrief in die Firma – hier wird der Empfänger zuerst genannt und der Brief wird ungeöffnet an den Empfänger weitergereicht

---

Frau
Lisa Muster
Münchner Versicherungs AG
Musterstraße 12

99999 Musterdorf

Muster Anschrift 8: Bei Anschriften im Ausland werden der Bestimmungsort und das Bestimmungsland in Großbuchstaben geschrieben.

Residencia António
Piazza de Narone 12

I-99999 MUSTERORT
ITALIA

Die Länderkürzel

Jedes Land hat ein bestimmtes Kürzel, das im Normalfall vor die Postleitzahl des Ortes gestellt wird. Zum Beispiel gilt in Europa Folgendes:

Land	Kürzel	Land	Kürzel	Land	Kürzel
Belgien	B	Spanien	E	Österreich	A
Dänemark	DK	Liechtenstein	FL	Portugal	P
Finnland	SF	Luxemburg	L	Rumänien	RO
Frankreich	F	Monaco	MC	Schweden	S
Griechenland	GR	Niederlande	NL	Schweiz	CH
Italien	I	Norwegen	N	Ungarn	H

Die Schreibweise des Datums

In offiziellen Briefen schreibt man das Datum nach der DIN-Norm entweder achtstellig (also: 12.03.03) oder aber zehnstellig (zum Beispiel 12.03.2003). Die beiden Punkte zählen dabei als Zeichen. Es sind keine zusätzlichen Leerzeichen mehr nötig. Man kann den Monatsnamen natürlich auch ausschreiben. Dann müssen Sie aber mit Leerzeichen arbeiten. Das sieht dann so aus: 12. März 2003. Weitaus mehr Freiheiten besitzen Sie nach der DIN-Norm 5008, wenn Sie ein Datum im Text schreiben. Hier können Sie unter folgenden Formen wählen:

- Ich erwarte Ihre Antwort bis zum 12.03.
- In meinem Brief vom 3. August habe ich darauf hingewiesen, dass …
- Ich verweise ausdrücklich auf Ihr Schreiben vom 13. Sept. …
- Seit dem 24.01.2003 bin ich nicht mehr als selbstständiger Handelsvertreter tätig …

Früher »Betreff« – heute »Überschrift«

Fast jeder geht mit dieser Zeile anders um. Früher begann man hier mit dem Wörtchen »betrifft«. Dann wurde dies gegen das Wort »Betreff« ausgetauscht. Heute nennt man diese Zeile zwar noch Betreff-Zeile, aber auch die Bezeichnungen »Überschrift« oder »Headline« haben sich eingebürgert. In jedem Fall gilt: Das Wort »Betreff« wird nicht mehr geschrieben und gedruckt. Statt »Betreff« findet man heute in dieser Zeile nur noch das Thema des Briefs. Anders gesagt: Stichwortartig wird der Inhalt des Schreibens ausgedrückt. Wenn Sie als Privatperson etwa an eine Behörde oder eine Versicherung schreiben, steht in der Betreff-Zeile das Aktenzeichen oder Ihre Versicherungsnummer. Bitten Sie um Informationsmaterial oder verfassen Sie eine Bewerbung, steht in dieser Zeile zum Beispiel »Katalog Herbst/Winter 2003 für Ferienhäuser« oder »Ihre Stellenanzeige in der Musterzeitung vom … 2003«.

Die Anrede

Ist Ihnen Ihr Ansprechpartner bekannt? Dann sprechen Sie ihn oder sie auch direkt an: also mit »Sehr geehrte/r Frau/Herr Muster«. Kennen Sie jemanden schon länger, ist es durchaus auch erlaubt, etwas persönlicher zu werden: also »liebe/r Frau/Herr Muster«. In allen anderen Fällen schreibt man:

- Sehr geehrte Damen und Herren
- Sehr geehrte Damen, sehr geehrte Herren

Ausschließlich »sehr geehrte Herren« ist nur dann vertretbar, wenn Sie wirklich wissen, dass in der Firma oder entsprechenden Abteilung keinerlei Damen beschäftigt sind. Dasselbe gilt umgekehrt für die Anrede »sehr geehrte Damen« – bitte nur, wenn Sie sicher sind, dass Sie lediglich weibliche Ansprechpartner haben. Auf der sicheren Seite sind Sie daher stets mit einer Anrede, in der Sie Damen und Herren ansprechen.

Der Haupttext

Der Text sollte auf den ersten Blick gut gegliedert aussehen – nicht wie eine Bleiwüste, die jeder Empfänger schon ungern zu lesen anfängt.

- Der Abstand zwischen Anrede und Text beträgt immer eine Leerzeile.
- Sie können – gerade wenn Sie viel Text haben – diesen durch Absätze oder Abschnitte unterteilen. Dann trennen Sie jeweils wieder durch eine Leerzeile.
- Größere Unterscheidungen zeigen Sie an, wenn Sie die einzelnen Abschnitte durch Ziffern, Buchstaben oder Striche trennen.
- Andere Hervorhebungen – wie Schriftartwechsel, Unterstreichen, Fett-, Gesperrt- und Kursivdruck sowie Großbuchstaben – sollten Sie sparsam einsetzen: Sie machen das Schriftbild insgesamt unruhig und deshalb schwer lesbar.

Die Grußformel

Auch hier gilt wieder: eine Leerzeile Abstand zum Textblock. Üblicherweise schreibt man hier eine Formel wie

- Mit freundlichem Gruß
- Mit freundlichen Grüßen
- Freundliche Grüße aus …
- Freundliche Grüße

Man kann – das ist Geschmackssache und schon etwas veraltet, nach DIN-Norm aber erlaubt – auch den letzten Satz des Schreibens in den Grußblock einbeziehen. Also zum Beispiel:
»Ich danke schon im Voraus für Ihr Bemühungen und verbleibe mit freundlichen Grüßen …«. Es spricht auch nichts dagegen – vor allem wenn Sie den Empfänger gut kennen –, die Grußformel handschriftlich oder mit den Worten »Mit herzlichem Gruß Ihr/e …« zu beenden.

Es ist heute durchaus üblich, die eher formellen »freundlichen Grüße« ein wenig aufzulockern. Schreiben Sie also ruhig

- Mit sonnigen Grüßen vom Bodensee
- Mit sommerlichem Gruß aus der Domstadt Köln
- Mit erwartungsvollen Grüßen aus …

Das macht Ihr Anschreiben persönlich und hebt sich damit vom althergebrachten Schreibstil ab.

- Hüten Sie sich vor altertümlichen Formulierungen wie »Mit ergebensten Grüßen« oder etwa »Im Voraus bestens dankend empfehle ich mich«.
- Variieren Sie die üblichen »freundlichen Grüße«.
- Schreiben Sie ruhig einmal »Für heute grüßt Sie …« oder »Mit weihnachtlichen Grüßen«.
- Das Wort »Hochachtungsvoll« wird heute kaum mehr angewendet. Mittlerweile wird es bei eher unangenehmen Ankündigungen verwendet – etwa wenn eine Bank ihrem Kunden mitteilt, dass sie ein Darlehen vorzeitig kündigt. Damit will man vermeiden, dass die sonst üblichen »freundlichen Grüße« ironisch klingen.

Die Unterschrift

Mit einer weiteren Leerzeile Abstand folgt dann Ihre Unterschrift. Sie sollten sich die kleine Mühe machen und auch als Privatperson darunter Ihren Namen nochmals in Maschinenschrift setzen. Kaum jemand hat nämlich eine wirklich leserliche Signatur. Und Sie wollen doch, dass der Empfänger weiß, mit wem er es zu tun hat.

- Achten Sie darauf, dass Ihre maschinengeschriebene Unterschrift den vollen Namen (also Vor- und Zunamen) enthält.
- Als Frau sollten Sie auf jeden Fall Ihren Vornamen ausschreiben – so vermeiden Sie es, bei einer Antwort fälschlicher- und

für den Briefschreiber vielleicht peinlicherweise als »Sehr geehrter Herr« tituliert zu werden.

- Akademische Titel gehören nicht zu Ihrer handschriftlichen, sondern nur in die maschinengeschriebene Unterschrift.
- In einer vertrauten oder langjährigen Geschäftsbeziehung kann man zur Unterschrift durchaus – ebenfalls mit der Hand geschrieben – den Zusatz »Ihr/e …« setzen.

Abkürzungen nach der Unterschrift

Abkürzungen aus dem Geschäftsleben werden Sie zwar kaum brauchen, dennoch möchte ich Sie Ihnen hier vorstellen. Schon alleine deshalb, damit Sie wissen, was sie unter einem offiziellen Schreiben bedeuten.

- i. A. = im Auftrag
- i. V. = in Vollmacht oder in Vertretung
- m. V. = mit Vollmacht
- ppa. = per procura
- gez. Name, nach Diktat verreist: Hier unterschreibt das Sekretariat.

Anlagen

Eine Leerzeile nach der maschinenschriftlichen Wiederholung Ihres Namens beginnt der so genannte Anlagenvermerk. Sie können dabei verschiedene Formen wählen:

- Sie nennen nur das Wort »Anlagen« und die Anzahl
- Sie nennen das Wort »Anlagen« und zählen diese untereinander geschrieben auf, also zum Beispiel
  Anlagen
  Katalog
  Preisliste

■ Um das Wort »Anlagen« hervorzuheben, wird es fett gedruckt. Vor allem dann, wenn Sie mehrere Anlagen haben und Sie diese aufzählen.

■ Nach neuester DIN-Norm wird hinter dem Wort Anlagen kein Doppelpunkt gesetzt.

■ Bei Platzmangel kann man den Hinweis auf Anlagen auch rechts neben die Unterschrift setzen. Der Abstand vom linken Seitenrand sollte dann 12,5 cm betragen.

Die Seitennummerierung

Briefe mit mehr als einer Seite Umfang werden von der zweiten Seite an fortlaufend nummeriert. Die Seitenzahl beginnt auf Briefbögen ohne Aufdruck in der Mitte der fünften Zeile. Der Hinweis auf Folgeseiten sollte am Fuß der Seite mit mindestens einer Leerzeile Abstand zum Textende rechtsbündig stehen.

Die Sprache eines offiziellen Briefes

Selbstverständlich werden Sie sich in offizieller Korrespondenz nicht so leger ausdrücken wie in einem Brief an gute Freunde. Hüten Sie sich aber bitte auch davor, besonders gekünstelt und im so genannten »Amtsdeutsch« zu schreiben.

■ Fassen Sie Ihr Anliegen kurz und prägnant zusammen. Klare einfache Sätze sind besser als verschachtelte lange Formulierungen. Meiden Sie Passivsätze – drücken Sie sich aktiv und positiv aus.

■ Vermeiden Sie langatmiges Geschwafel. Wer länger als eine Briefseite schreibt, muss damit rechnen, dass die Aufmerksamkeit des Empfängers nachlässt.

■ Bauen Sie Ihren Brief übersichtlich auf. Machen Sie Absätze und fügen Sie Leerzeilen ein – so wird Ihr Schreiben besser lesbar.

■ Überprüfen Sie Ihre Ausdrucksweise: Klingt Ihre Briefsprache freundlich – oder nach Amtsdeutsch?

Das leidige Amtsdeutsch hat sich bedauerlicherweise auch in die Korrespondenz vieler Firmen und kleiner Betriebe eingeschlichen. Und als Schreiber eines offiziellen Briefs gerät man unwillkürlich in Versuchung, dieselbe umständliche Sprache zu gebrauchen: die vielen Wörter, die auf -ung enden, die Doppelungen und Steigerungen, sogar Wörter und Floskeln, die schlicht und ergreifend falsch sind. Hier eine kleine Auswahl:

- Zur Durchführung bringen heißt schlicht: durchführen.
- Eine Mitteilung machen – mitteilen
- Zur Auslieferung gelangen – ausliefern
- Eine Untersuchung vornehmen – untersuchen
- Zur Verteilung gelangen – verteilen
- Verärgerung hervorrufen – ärgern
- Bevollmächtigung erteilen – bevollmächtigen
- Wortungetüme wie Zurverfügungstellung, Außerachtlassung oder Indienststellung vermeiden Sie besser ganz. Selbst wenn Sie die im Schreiben der Behörde finden, auf das Sie antworten!
- Bürokratenwörter wie Ihrerseits – unsererseits, bezugnehmend, beigefügt, in der Anlage, in obiger Sache, diesbezüglich, mittels, baldmöglichst, aufgrund haben in moderner Korrespondenz nichts verloren. Besser ist es, entweder klare Daten oder Fristen zu nennen (statt baldmöglichst). Aufgrund ersetzen Sie durch wegen, deshalb, kraft, daher oder schlicht »aus diesem Grund«.
- Inhaltlich überflüssige Worte oder Wortteile sind etwa *ab*kopieren, *hinzu*addieren, *weiter* fortfahren, *neu* renovieren, *über*senden, *nochmals* überprüfen, *lediglich* nur oder *Rück*antwort. Auch sie verschandeln die Sprache Ihres Briefs.
- Unsinnig ist es, Abkürzungen zu gebrauchen, die nicht allgemein bekannt sind. Vor allem solche wie bzgl. (bezüglich), evtl. (eventuell), stdl. (stündlich) oder u.Ä. (und Ähnliches). Wenn Sie denn schon Abkürzungen verwenden, dann bitte richtig! Die Abkürzung PS (Postscriptum) wird stets ohne Abkürzungspunkte und Leerzeichen geschrieben – selbst wenn man es oft anders sieht.

■ Sie dürfen einen Brief durchaus mit »ich« beginnen, selbst wenn das früher verpönt war. Dennoch gilt für die geschäftliche Korrespondenz: Das »Ich« am Beginn kommt sicher nicht so häufig vor wie im privaten Bereich.

Beispiele für umständliche Formulierungen

■ Besser nicht: »Sehr geehrter Herr Muster, anliegend sende ich die angeforderten Unterlagen.«
Sondern: »Vielen Dank, sehr geehrter Herr Muster, für Ihr Schreiben vom 22. Mai 2003. Hier sind die von Ihnen gewünschten Kopien meines Antrags.«

■ Besser nicht: »Sollten bezüglich weiterer Details noch Fragen bestehen, möchte ich Sie bitten, sich mit mir diesbezüglich zwecks Klärung in Verbindung zu setzen.«
Sondern: »Haben Sie noch weitere Fragen? Dann rufen Sie mich bitte an. Meine Telefonnummer tagsüber im Büro ist (01111) 123456, ab 17 Uhr erreichen Sie mich unter meiner privaten Telefonnummer (01111) 98765 oder mobil unter (011999) 78 79 890.«

■ Besser nicht: »Ihrer geschätzten Antwort mit Freude entgegensehend verbleibe ich für heute mit besten Grüßen«
Sondern: »Ich freue mich auf Ihren hoffentlich positiven Bescheid. Mit besten Grüßen aus ...«

■ Besser nicht: »Ich hoffe, Ihnen mit diesen Angaben gedient zu haben.«
Sondern: »Ich hoffe, diese Angaben nützen Ihnen.«

■ Besser nicht: »Nach einer Überprüfung meiner Unterlagen und nach Rücksprache mit der Dienststelle ...«
Sondern: »Ich habe die Unterlagen überprüft und mit der Dienststelle, Herrn/Frau ... gesprochen.«

■ Besser nicht: »In der Angelegenheit habe ich eine Überprüfung vorgenommen ...«
Sondern: »Ich habe recherchiert und herausgefunden ...«

Register